전희진 · 잉언씨껫 지음

정진출판사

머리말

똠얌꿍, 타이 마사지, 무에타이, 가수 닉쿤 등 태국은 더 이상 한국인들에게 낯설지 않은 국가라고 생각합니다. 태국은 동남아시아의 중심 국가이자 한국과 비교적 멀지 않은 위치에 있어 많은 수의 한국인들이 해마다 여행을 가며, 태국에 진출하는 한국 기업의 수도 계속적으로 증가하는 추세입니다. 특히, 2000년대에 들어서 K-POP, K-DRAMA 등의 한류의 영향으로 태국인들의 한국에 대한 관심이 증대하면서 양국의 문화적, 경제적, 정치적 교류가 더 활발해졌습니다.

이런 분위기 속에서 한국인들의 태국어 학습에 대한 관심도 증대되고 있습니다. 이에 따라 잉언씨껫(태국인)과 전희진(한국인) 두 사람이 그 동안 여러 기업에서 태국어를 강의해 온 노하우를 바탕으로 태국어를 처음 공부하고자 하는 분들을 위한 태국어 학습책을 집필하게 되었습니다. 문법, 문자를 전혀 모르는 상태에서도 기본 단어와 문형 및 기본 문법을 통해 혼자서 태국어를 쉽게 학습할 수 있도록 내용을 구성하였으며, 특히 본문을 주제별로 나누어 필요한 부분을 찾아서 바로바로 활용할 수 있게 한 만큼 학습자들이 어렵지 않게 공부할 수 있을 거라고 생각합니다.

〈왕기초 태국어 첫걸음〉이 학습자들에게 태국어를 접하는 좋은 초석이 되기 바라며, 아울러 이 책을 출판할 수 있게 도와 주신 정진출판사의 박해성 대표님과 김양섭 전무님께 깊은 감사를 드립니다. 또한 이 책을 구입하신 여러분께도 감사 드립니다.

저자 전희진 · 잉언씨껫

이 책의 주요 구성

단어 익히기

태국어를 처음 공부하는 분들이 알아야 하는 필수 단어들을 담았습니다.

문형 익히기

어려운 문법 설명보다는 단어와 문장 패턴으로 더 쉽게 태국어를 공부할 수 있습니다.

문법 익히기

태국어의 기본이 되는 문법과 용법을 정리하여 응용력을 키우도록 하였습니다.

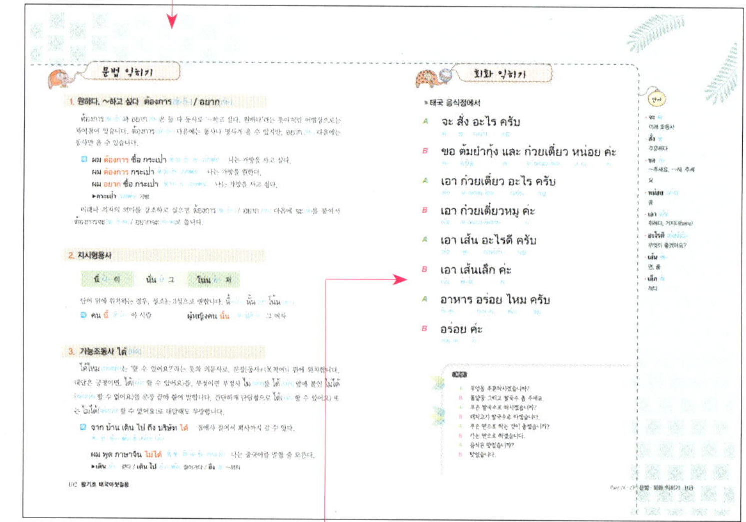

회화 익히기

앞서 배운 내용을 다시 한번 복습하고 응용할 수 있도록 일상생활을 통해 흔히 주고받는 내용의 대화를 수록해 놓았습니다.

태국 속으로

학습자들이 태국어에 흥미를 갖도록 하기 위해 태국의 문화와 생활을 소개하였습니다.

부록 : 태국어 문자 쓰기 연습 노트

생소한 글자 모양과 발음을 익히기 위해 부록으로 쓰는 연습란을 두었습니다.

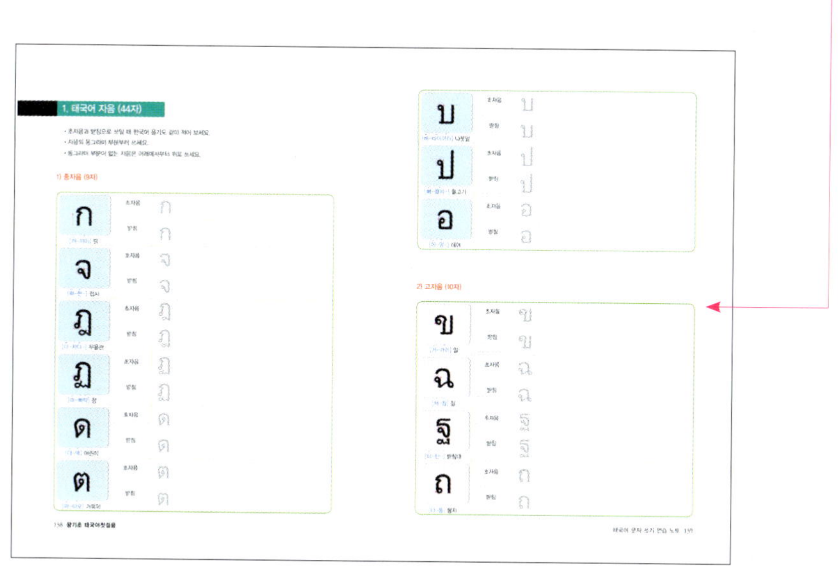

한 가지 학습자 여러분께 당부드리고 싶은 말은 이 책에 한글로 병기된 발음은 단지 참고로만 활용하시고, 정확한 발음은 녹음된 태국 현지인의 발음을 따라하면서 습득하시기 바랍니다.

목차

발음편

태국어의 문자

태국어는 44자의 자음과 32자의 모음으로 이루어져 있습니다.

1. 태국어 자음

태국어 자음은 44개이며, 한국어 자음과 마찬가지로 초자음 또는 받침(종자음)으로 사용됩니다. 그리고 한국어의 자음이 '기역, 니은'과 같이 자음마다 명칭이 있듯이 태국어 자음도 '꺼-까이, 커-카이'처럼 자음마다 각각의 명칭이 있습니다.

아래 표에서 '초자음/한국어 음가'와 '받침/한국어 음가'는 태국어의 초자음과 받침을 한국어로 표기할 때의 음가입니다.

순서	자음	명칭	초자음/한국어 음가	받침/한국어 음가
1	ก	꺼-까이	ㄲ	ㄱ
2	ข	커-카이	ㅋ	ㄱ
3	ฃ	커-쿠-엇	ㅋ	ㄱ
4	ค	커-콰-이	ㅋ	ㄱ
5	ฅ	커-콘	ㅋ	ㄱ
6	ฆ	커-라캉	ㅋ	ㄱ
7	ง	응어-응우-	응ㅇ- (ng)	ㅇ
8	จ	쩌-짠-	ㅉ	ㅅ
9	ฉ	처-칭	ㅊ	—
10	ช	처-창-	ㅊ	ㅅ
11	ซ	써-쏘-	ㅆ	ㅅ
12	ฌ	처-츠ㅓ-	ㅊ	—
13	ญ	여-잉	ㅇ(y)	ㄴ
14	ฎ	더-차다-	ㄷ	ㅅ
15	ฏ	떠-빠딱	ㄸ	ㅅ
16	ฐ	터-탄-	ㅌ	ㅅ
17	ฑ	터-몬토-	ㅌ	ㅅ

순서	자음	명칭	초자음/한국어 음가	받침/한국어 음가
18	ฒ	터-푸-타오	ㅌ	ㅅ
19	ณ	너-넨-	ㄴ	ㄴ
20	ด	더-덱	ㄷ	ㅅ
21	ต	떠-따오	ㄸ	ㅅ
22	ถ	터-퉁	ㅌ	ㅅ
23	ท	터-타한-	ㅌ	ㅅ
24	ธ	터-퉁	ㅌ	ㅅ
25	น	너-누-	ㄴ	ㄴ
26	บ	버-바이마이	ㅂ	ㅂ
27	ป	뻐-쁠라-	ㅃ	ㅂ
28	ผ	퍼-픙	ㅍ	-
29	ฝ	훠-화-	ㅎ (F 발음)	-
30	พ	퍼-판-	ㅍ	ㅂ
31	ฟ	훠-환	ㅎ (F 발음)	ㅂ
32	ภ	퍼-쌈파오	ㅍ	ㅂ
33	ม	머-마-	ㅁ	ㅁ
34	ย	여-약	ㅇ(y)	이
35	ร	러-르-아	ㄹ (R)	ㄴ
36	ล	럴-링	ㄹ (L)	ㄴ
37	ว	워-왠-	우(W)	우
38	ศ	써-쌀-라-	ㅆ	ㅅ
39	ษ	써-르-씨-	ㅆ	ㅅ
40	ส	써-쓰-아	ㅆ	ㅅ
41	ห	허-힙-	ㅎ	-
42	ฬ	러-쫄라-	ㄹ (L)	ㄴ
43	อ	어-앙-	ㅇ	-
44	ฮ	허-녹훅-	ㅎ	-

[주의] • 현재 3번, 5번 자음은 사용하지 않습니다.(회색)

 • '받침/한국어 음가' 중 '-'로 표시된 자음은 받침으로 사용하지 않는 자음입니다.

 • '흰색'은 저자음, '하늘색'은 중자음, '분홍색'은 고자음으로 구분했습니다. — 성조 법칙(p.14) 참고

2. 태국어 모음

태국어 모음은 32개이며, 단모음(짧게 소리내는 모음)과 장모음(길게 소리내는 모음)으로 나눕니다. 장모음은 음가 옆에 '–'로 표시했습니다.

아래 표에서 태국어 모음의 왼쪽, 오른쪽, 아래, 위에 표시된 '–'는 초자음이 들어가야 하는 위치입니다.

순서	단모음	발음	장모음	발음
1	–ะ	아	–า	아-
2	–ิ	이	–ี	이-
3	–ึ	으	–ื	으-
4	–ุ	우	–ู	우-
5	เ–ะ	에	เ–	에-
6	แ–ะ	애	แ–	애-
7	โ–ะ	오	โ–	오-
8	เ–าะ	어	–อ	어-
9	–ัวะ	우어	–ัว	우-어
10	เ–ียะ	이야	เ–ีย	이-야
11	เ–ือะ	으어	เ–ือ	으-어
12	เ–อะ	어	เ–อ	으ㅓ-
13	ไ–	아이	ใ–	아이
14	เ–า	아오	–ำ	암
15	ฤ	르, 리, 러	ฤๅ	르-
16	ฦ	르	ฦๅ	르-

[주의] • 1번 단모음 '–ะ 아'는 뒤에 받침이 오면 ' –ั '로 형태가 달라집니다.

예 วัน 완 날　　　อัน 안 ~개

• 9번 장모음 '–ัว 우-어'는 모음 뒤에 받침이 오면 '–ว'로 형태가 달라집니다.

예 พวก 푸억 ~들　　　ลวก 루억 데우다

• 12번 '으어, 으ㅓ-'는 '으'와 '어'의 중간 발음입니다.

• 13번, 14번의 'ไ 아이, ใ 아이, เ–า 아오, –ำ 암'은 성조 법칙(p.14)으로 모음을 구별할 때는 '**장모음**'으로 구분합니다.

3. 태국어 자음, 모음의 조합

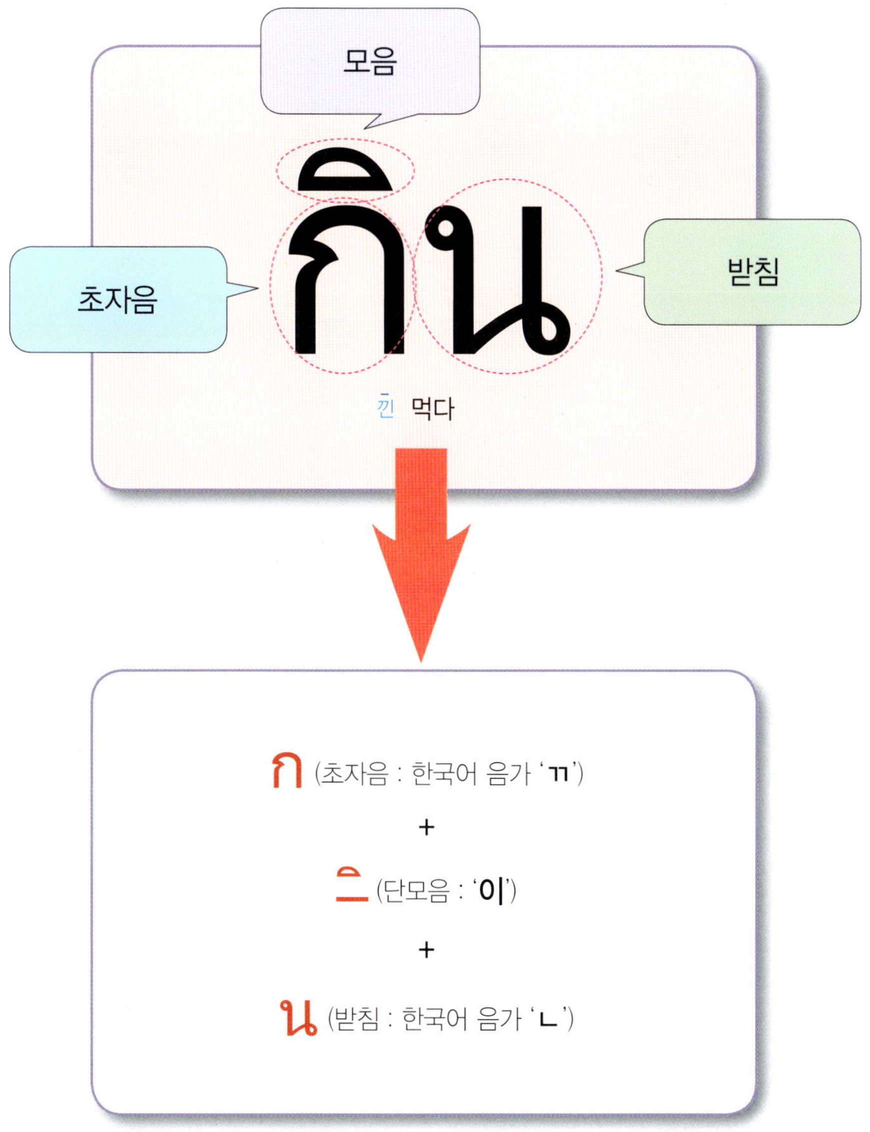

태국어의 성조, 기본 문법

1. 태국어의 성조

성조란 음의 높낮이를 나타내며 태국어에는 평성, 1성, 2성, 3성, 4성 등 총 5개의 성조가 있습니다. 이 책에서는 편의상 한국어 음가 위에 태국어의 성조를 표시하였으며, 성조 표시는 아래와 같습니다.

평성	1성	2성	3성	4성
—	＼	∧	／	∨

평성	음의 높낮이 변화가 거의 없고 일정한 음으로 발음합니다.
1성	힘을 약간 빼고 낮아지는 음으로 발음합니다.
2성	성조 표시는 '＾'으로 하지만, 실제 발음은 처음부터 쭉 올라가도록 발음합니다.
3성	성조 표시는 '＾'으로 하지만, 실제 발음은 서서히 위로 끌어올리듯이 발음합니다.
4성	낮아지는 음으로 발음하다가 중간에 음을 올립니다.

(1) 성조 법칙 1 (유형 성조 : 성조 부호가 있는 경우)

태국어에는 4개의 성조 부호가 있습니다. 각 성조 부호마다 명칭이 있으나 이 책에서는 편의상 1성, 2성, 3성, 4성의 성조 부호로 구분하였습니다. 성조 부호는 초자음의 오른쪽 상단에 위치합니다.

1성	2성	3성	4성
่	้	๊	๋
마이엑–	마이토–	마이뜨리–	마이짯따와–

성조 법칙에서 먼저 알아야 하는 것은 초자음의 종류입니다. 초자음의 종류는 3가지로 중자음, 고자음, 저자음으로 나뉩니다.

중자음 (9자) – 태국어 자음표 하늘색 자음 ☞p.10~11	ก จ ฎ ฏ ด ต บ ป อ
고자음 (10자) – 태국어 자음표 분홍색 자음 ☞p.10~11	ข ฉ ฐ ถ ผ ฝ ศ ษ ส ห
저자음 (23자) – 태국어 자음표 흰색 자음 ☞p.10~11	ค ฅ ง ช ซ ฌ ญ ฑ ฒ ณ ท ธ น พ ฟ ภ ม ย ร ล ว ฬ ฮ

 중자음(9자), 고자음(10자)만 구분할 수 있으면, 나머지 자음은 모두 저자음이라고 생각하면 됩니다.

성조 부호가 있는 경우의 성조 법칙은 다음과 같습니다. 초자음이 중자음, 고자음인 경우에는 성조 부호대로 발음합니다. 하지만 저자음 위에 1성 표시가 있으면 2성으로, 저자음 위에 2성 표시가 있으면 3성으로 발음합니다.

초자음의 종류(중자음/고자음/저자음) + 성조 부호의 종류(1성, 2성, 3성, 4성) = 성조				
초자음 종류/성조	่	้	๊	๋
중자음	1성	2성	3성	4성
고자음	1성	2성	–	–
저자음	2성	3성	–	–

예시)

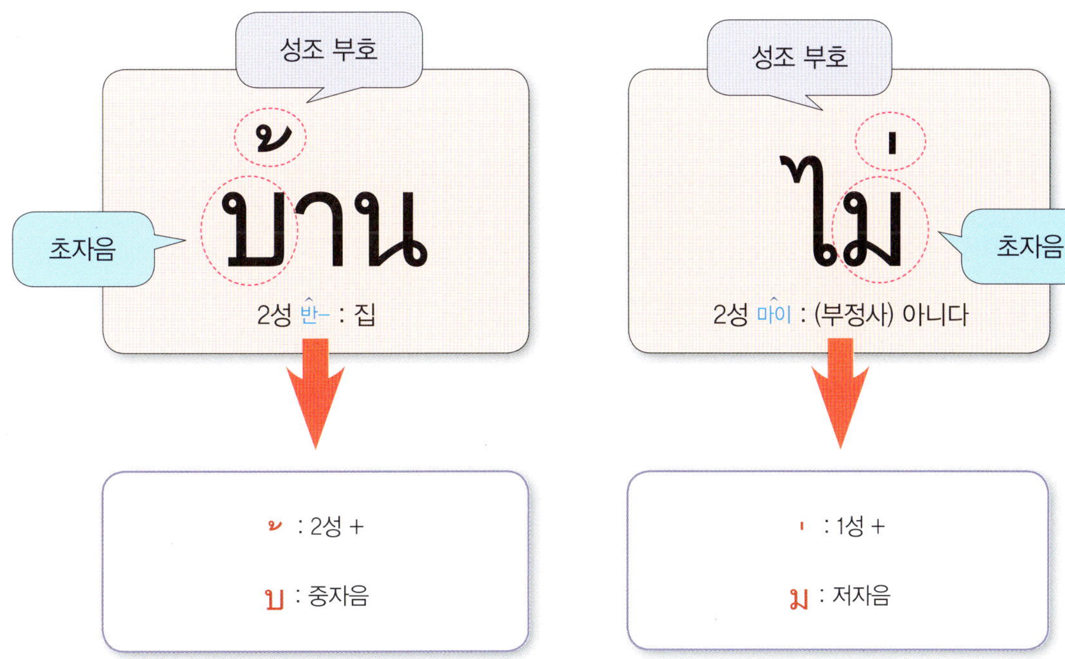

(2) 성조 법칙 2 (무형 성조 : 성조 부호가 없는 경우)

그렇다면 성조 부호가 없는 경우, 태국어의 성조를 어떻게 파악하는지 알아보겠습니다. 우선 무형 성조 법칙은 초자음의 종류(중자음/고자음/저자음), 모음의 종류(단모음/장모음), 그리고 받침이 있는 경우 받침의 종류(생음/사음)까지 총 세 가지 요소를 보고 판단합니다.

> **초자음의 종류(중자음/고자음/저자음) + 모음의 종류(단모음/장모음) + [받침의 종류(생음/사음)] = 성조**

▶받침의 종류(생음/사음)

받침은 생음, 사음 두 가지로 구분합니다. 생음은 한국어 음가로 'ㅇ, ㅁ, ㄴ, 이, 우'가 받침인 경우이며, 사음은 한국어 음가가 'ㄱ, ㅅ, ㅂ'이 받침인 경우입니다.

생음 받침의 한국어 음가가 'ㅇ, ㅁ, ㄴ, 이, 우'인 경우	ง	ㅇ
	ม	ㅁ
	น ญ ณ ร ล ฬ	ㄴ
	ย	이
	ว	우
사음 받침의 한국어 음가가 'ㄱ, ㅅ, ㅂ'인 경우	ก ข ค ฆ	ㄱ
	จ ช ซ ฎ ฏ ฐ ฑ ฒ ด ต ถ ท ธ ศ ษ ส	ㅅ
	บ ป พ ฟ ภ	ㅂ

태국어 단어의 초자음, 모음, 받침의 종류가 파악되었다면 아래의 무형 성조 법칙표에 따라서 성조를 파악할 수 있습니다. 무형 성조 법칙표는 초자음의 종류(중자음/고자음/저자음)에 따라 정리했습니다.

① 초자음이 '중자음'인 경우

중자음
중자음＋장모음, 중자음＋장/단모음＋생음 = 평성
중자음＋단모음, 중자음＋장/단모음＋사음 = 1성

예 กิน(중자음＋단모음＋생음) = 평성(낀 : 먹다)

ดี(중자음＋장모음) = 평성(디 : 좋다)

จะ(중자음＋단모음) = 1성(짜 : 미래조동사)

ปาก(중자음＋장모음＋사음) = 1성(빡 : 입)

② 초자음이 '고자음'인 경우

고자음
고자음＋장모음, 고자음＋장/단모음＋생음 = 4성
고자음＋단모음, 고자음＋장/단모음＋사음 = 1성

예 หัว(고자음＋장모음) = 4성(후－어 : 머리)

ขาย(고자음＋장모음＋생음) = 4성(카－이 : 팔다)

ผัก(고자음＋단모음＋사음) = 1성(팍 : 아채)

สอบ(고자음＋장모음＋사음) = 1성(썹－ : 시험 보다)

③ 초자음이 '저자음'인 경우

저자음
저자음＋장모음, 저자음＋장/단모음＋생음 = 평성
저자음＋단모음, 저자음＋단모음＋사음 = 3성
저자음＋장모음＋사음 = 2성

예 มา(저자음＋장모음) = 평성(마－ : 오다)

รัก(저자음＋단모음＋사음) = 3성(락 : 사랑하다)

และ(저자음＋단모음) = 3성(래 : 그리고)

ชอบ(저자음＋장모음＋사음) = 2성(첩－ : 좋아하다)

예시)

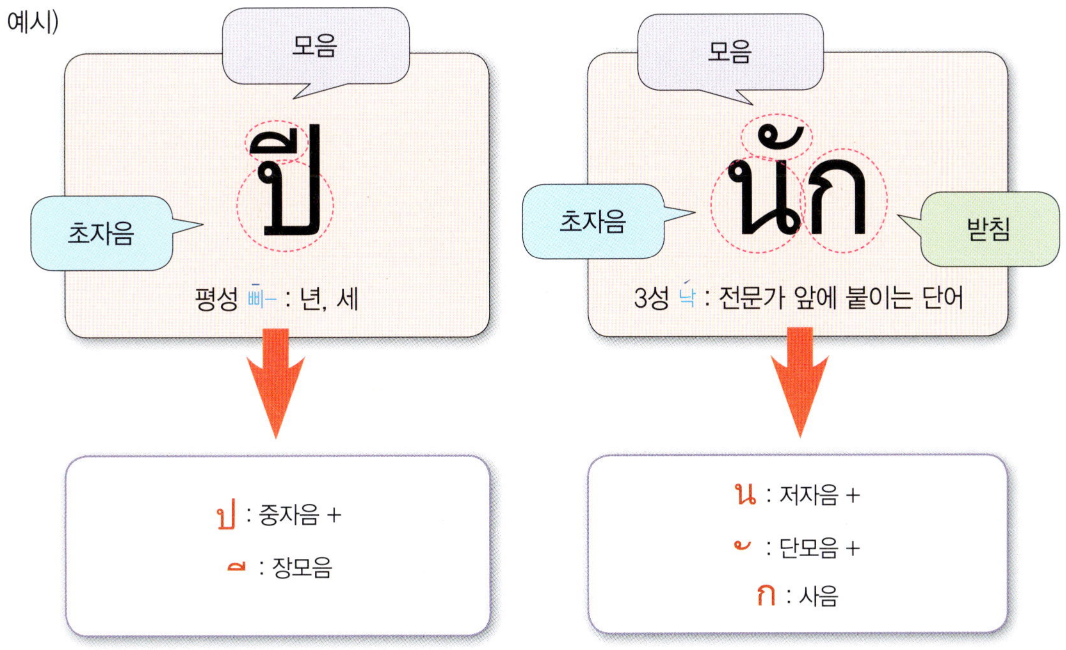

2. 태국어의 기본 문법

① 태국어는 띄어쓰기가 없으나 편의상 문장 구조, 문단, 내용에 따라 띄어쓰기를 하기도 합니다.
(☞이 교재는 학습자들이 태국어의 단어를 구분하기 쉽게 하기 위해 단어마다 띄어쓰기를 했습니다.)

② 태국어는 마침표, 쉼표, 물음표를 쓰지 않습니다.

③ 태국어의 기본 문장 구조는 다음과 같습니다.

> (주어)＋서술어＋(목적어)

예 ดิฉัน เป็น คนเกาหลี
디찬 뻰 콘까올리–

나는 한국 사람이다.

▶**ดิฉัน** 디찬 : 나, 저(여성용) / **เป็น** 뻰 : ～이다 / **คนเกาหลี** 콘까올리– : 한국 사람

④ 태국어에는 접두사, 조사 등이 거의 없으며, 태국어 문장을 만드는 데 있어서 가장 중요한 것은 **단어의 순서 배열**입니다.

예 한국어 → 나는 당신을 사랑한다.
태국어 → 나 사랑하다 당신

ผม รัก คุณ 폼 락 쿤

▶**ผม** 폼 : 나, 저(남성용) / **รัก** 락 : 사랑하다 / **คุณ** 쿤 : 당신

⑤ 태국어는 동사와 형용사의 형태 변화가 없습니다. 즉, 문장 속에서의 위치에 따라서 동사/형용사가 되기도 하고 수식어(꾸미는 말)가 되기도 합니다. 아래 첫 번째 예문의 อร่อย[아러-이]는 수식어 '맛있는'이고, 두 번째 예문의 อร่อย[아러-이]는 형용사 '맛있다'입니다. 수식어는 피수식어(꾸밈을 받는 말) 뒤에서 꾸며줍니다.

예 ผม กิน อาหารอร่อย
폼 낀 아–한–아러–이

나는 맛있는 음식을 먹는다.

อาหารอร่อย
아–한–아러–이

음식이 맛있다.

▶**กิน** 낀 : 먹다 / **อาหาร** 아–한– : 음식 / **อร่อย** 아러–이 : 맛있는, 맛있다

기본 표현편

ทักทาย 탁타-이
인사

สวัสดี
싸왓디-

안녕하세요?

ขอบคุณ
컵-쿤

고마워요.

ยินดีที่ได้รู้จัก
인디-티-다이루-짝

만나서 반가워요.

ยินดีที่ได้รู้จัก เช่นกัน	인디-티-다이루-짝 첸-깐	저 역시 만나서 반가워요.
โชคดี	촉-디-	행운을 빌어요.
สบายดี ไหม	싸바-이디- 마이	잘 지내세요?
ลา ก่อน	라- 껀-	먼저 갈게요.
ขอโทษ	커-톳-	미안해요. / 실례해요.

문형 익히기

다음 문장을 연습하세요.

1. 기본 인사

A สวัสดี ค่ะ
싸왓디– 카
안녕하십니까?

B สวัสดี ครับ
싸왓디– 크랍
안녕하십니까?

2. 안부

A สบายดี ไหม ครับ
싸바–이디– 마이 크랍
잘 지내십니까?

B สบายดี ค่ะ / ไม่ สบายดี ค่ะ
싸바–이디– 카 마이 싸바–이디– 카
잘 지냅니다. / 잘 못 지냅니다.

- **สวัสดี** 싸왓디–
안녕하세요?
(만나거나 헤어질 때 모두 쓸 수 있는 태국의 기본 인사말)

- **ค่ะ** 카
① 문장(평서문) 끝에 붙어 존댓말로 바꿈(여성용) ② 네(대답할 때)

- **ครับ** 크랍
① 문장(평서문, 의문문) 끝에 붙어 존댓말로 바꿈(남성용) ② 네(대답할 때)

- **สบายดี** 싸바–이디–
잘 지내다

- **ไหม** 마이
~요?(의문사로 문장 끝에 위치함)

- **ไม่** 마이
① 부정사 ② 아니요(대답할 때)

02 ประเทศ _{쁘라텟-} 국가

단어 익히기

ประเทศเกาหลี 한국
쁘라텟-까올리-

คนเกาหลี 한국 사람
콘까올리-

ประเทศไทย 태국
쁘라텟-타이

คนไทย 태국 사람
콘타이

---

❶ 국가

ประเทศ	쁘라텟-	국가	ประเทศจีน	쁘라텟-찐-	중국
ประเทศญี่ปุ่น	쁘라텟-이-뿐	일본	ประเทศอเมริกา	쁘라텟-아메-리까-	미국
ประเทศรัสเซีย	쁘라텟-랏씨-야	러시아	ประเทศอังกฤษ	쁘라텟-앙끄릿	영국
ประเทศฝรั่งเศส	쁘라텟-화랑쎗-	프랑스	ประเทศเยอรมัน	쁘라텟-여-라만	독일

❷ 국적

คน	콘	사람	คนจีน	콘찐-	중국 사람
คนญี่ปุ่น	콘이-뿐	일본 사람	คนอเมริกา	콘아메-리까-	미국 사람
คนรัสเซีย	콘랏씨-야	러시아 사람	คนอังกฤษ	콘앙끄릿	영국 사람
คนฝรั่งเศส	콘화랑쎗-	프랑스 사람	คนเยอรมัน	콘여-라만	독일 사람

문형 익히기

주황색으로 표시된 부분을 바꾸어 활용해 보세요.

1. 출신지

A คุณ มา จาก ไหน คะ
쿤 마- 짝- 나이 카

당신은 어디에서 오셨습니까?

B ผม มา จาก **ประเทศเกาหลี** ครับ
폼 마- 짝- 쁘라텟-까올리- 크랍

저는 **한국**에서 왔습니다.

2. 국적

A คุณ เป็น **คนเกาหลี** ใช่ไหม ครับ
쿤 뻰 콘까올리- 차이마이 크랍

당신은 **한국** 사람입니까?

B ใช่ ค่ะ ดิฉัน เป็น **คนเกาหลี** ค่ะ
차이 카 디찬 뻰 콘까올리- 카

그렇습니다. 저는 **한국** 사람입니다.

- **คุณ** 쿤
  당신(2인칭대명사)
- **มา** 마- 오다
- **จาก** 짝- ～로부터(from)
- **ไหน** 나이
  어느, 어디(의문사)
- **คะ** 카
  문장(의문문) 끝에 붙어 존댓말로 바꿈(여성용)
- **ผม** 폼
  나, 저(1인칭대명사, 남성용)

- **เป็น** 뻰 ～이다
- **ใช่ไหม** 차이마이
  ～맞지요?, 그렇지요?(확인하는 의문사)
- **ใช่** 차이 그래요
- **ดิฉัน** 디찬
  나, 저(1인칭대명사, 여성용)

ชื่อ ^{츠-}
이름

단어 익히기

ผม ^폼 나, 저(남성용)

ดิฉัน ^{디찬} 나, 저(여성용)

เรา ^{라오} 우리

เขา ^{카오} 그(3인칭)

■ 대명사

ฉัน ^찬	(1인칭) 나, 남녀 둘 다 쓸 수 있음.
คุณ ^쿤	(2인칭) 당신, (이름, 성 앞에 붙이면) ~씨
ท่าน ^{탄-}	(2인칭, 3인칭) 귀하, 그분
เธอ ^{터-}	(3인칭) 그녀
มัน ^만	(3인칭) 동물, 무생물의 대명사

문형 익히기

주황색으로 표시된 부분을 바꾸어 활용해 보세요.

1. 이름

A **คุณ ชื่อ อะไร คะ**
쿤　츠-　아라이　카

당신의 이름은 무엇입니까?

B **ผม ชื่อ ชอนคยองแด ครับ**
폼　츠-　천-켱-대-　크랍

제 이름은 전경대입니다.

- **ชื่อ** 츠-
  이름, 이름이 ~이다
- **อะไร** 아라이
  무엇(의문사)

2. 이름 확인

A **เขา ชื่อ สมชาย ใช่ไหม ครับ**
카오　츠-　쏨차-이　차이마이　크랍

그의 이름은 쏨차이가 맞습니까?

B **ใช่ ค่ะ / ไม่ ใช่ ค่ะ**
차이　카　마이 차이　카

그렇습니다. / 그렇지 않습니다.

04 อายุ ^{아-유}
나이

단어 익히기

อายุ
아-유

나이, 나이가 ~이다

ปี
삐-

~살, ~세

■ 숫자

หนึ่ง	สอง	สาม	สี่	ห้า	หก	เจ็ด	แปด	เก้า	สิบ
능	썽-	쌈-	씨-	하-	혹	쩻	뺏-	까오	씹
1	2	3	4	5	6	7	8	9	10

สิบเอ็ด	สิบสอง	ยี่สิบ	ยี่สิบเอ็ด	สามสิบ	ร้อย	พัน	หมื่น	แสน	ล้าน
씹엣	씹썽-	이-씹	이-씹엣	쌈-씹	러-이	판	믄-	쌘-	란-
11	12	20	21	30	100	1,000	10,000	100,000	1,000,000

• 10단위에 숫자가 있는 경우, 10단위에 오는 1은 **เอ็ด** [엣]으로 읽는다.

• 0은 **สูนย์** [쑨-]으로 읽는다.

문형 익히기

주황색으로 표시된 부분을 바꾸어 활용해 보세요.

A **คุณ อายุ เท่าไร คะ**
쿤   아-유   타오라이   카
당신은 나이가 어떻게 됩니까?

B **อายุ 30 ปี ครับ**
아-유   쌈-씹 삐- 크랍
30세입니다.

2. 나이 묻기 ②

A **คุณ อายุ กี่ ปี ครับ**
쿤   아-유   끼- 삐- 크랍
당신은 몇 살입니까?

B **อายุ 25 ปี ค่ะ**
아-유   이-씹 하- 삐- 카
25세입니다.

1. 남녀 구분

태국어에서 남녀를 구분하는 것에는 크게 2가지가 있습니다.

1) 1인칭대명사

말하는 본인이 남성인 경우에는 1인칭대명사 ผม[폼]을 사용하고, 말하는 본인이 여성인 경우에는 1인칭대명사 ดิฉัน[디찬]을 사용합니다.

물론 남녀 둘 다 사용할 수 있는 1인칭대명사 ฉัน[찬]이 있으나(실질적으로는 여성이 더 많이 사용함), 공식적인 자리나 좀 더 예의를 갖추어 말할 때는 남성은 ผม[폼], 여성은 ดิฉัน[디찬]을 사용하는 것이 좋습니다.

2) 문장 끝에 붙이는 ครับ[크랍] / ค่ะ[카] / คะ[카]

① 태국 문장을 존댓말로 바꾸기 위해 문장 끝에 붙여 말합니다.

② 말하는 본인이 남성인 경우, 평서문 · 의문문에 상관 없이 문장 끝에 ครับ[크랍]을 붙입니다.

③ 말하는 본인이 여성인 경우, 평서문 끝에는 ค่ะ[카], 의문문 끝에는 คะ[카]를 붙입니다.

2. 명사, 형용사 등 꾸미는 말은 단어 뒤에 위치한다.

예 คนเกาหลี[콘까올리–] = คน(콘 사람)＋เกาหลี(까올리– 한국) : 한국 사람

ประเทศไทย[쁘라텟–타이] = ประเทศ(쁘라텟– 국가)＋ไทย(타이 태국) : 태국 국가 → 태국

3. 의문사는 일반적으로 문장 끝에 위치한다.

평서문＋의문사 ＝ 의문문

예 คุณ เป็น คนเกาหลี 쿤 뺀 콘까올리–　　당신은 한국 사람이다.

คุณ เป็น คนเกาหลี ใช่ไหม 쿤 뺀 콘까올리– 차이마이　　당신은 한국 사람인가요?

4. 장모음을 단모음으로 발음하는 표시

'เป็น[뺀]' 위의 ◌็ [마이따이쿠–] 표시는 '장모음'을 '단모음'으로 발음하는 역할을 합니다.

■ 인사와 소개

A สวัสดี ครับ
싸왓디- 크랍

B สวัสดี ค่ะ ยินดีที่ได้รู้จัก ค่ะ
싸왓디- 카 인디-티-다이루-짝 카

A ยินดีที่ได้รู้จัก เช่นกัน ครับ
인디-티-다이루-짝 첸-깐 크랍

คุณ ชื่อ อะไร ครับ
쿤 츠- 아라이 크랍

B ดิฉัน ชื่อ ลูกแก้ว ค่ะ
디찬 츠- 룩-깨-우 카

คุณ มา จาก ไหน คะ
쿤 마- 짝- 나이 카

A ผม มา จาก ประเทศเกาหลี ครับ
폼 마- 짝- 쁘라텟-까올리- 크랍

B คุณ อายุ เท่าไร คะ
쿤 아-유 타오라이 카

A ผม อายุ 32 ปี ครับ
폼 아-유 쌈-씹 썽- 삐- 크랍

해석
A 안녕하십니까?
B 안녕하십니까? 만나서 반갑습니다.
A 저 역시 만나서 반갑습니다.
　당신의 이름은 무엇입니까?
B 제 이름은 룩깨우입니다.
　당신은 어디에서 오셨습니까?
A 저는 한국에서 왔습니다.
B 당신은 나이가 어떻게 됩니까?
A 저의 나이는 32세입니다.

단어

· **สวัสดี** 싸왓디-
안녕하세요?

· **ครับ** 크랍
문장 끝에 붙어 존댓
말로 바꿈(남성용)

· **ชื่อ** 츠-
이름, 이름이 ～이다

· **อะไร** 아라이
무엇(의문사)

· **มา** 마- 오다

· **จาก** 짝-
～로부터(from)

· **ไหน** 나이
어느, 어디(의문사)

· **เท่าไร** 타오라이
얼마(의문사)

태국 속으로!

태국식 인사

1. 보통 합장한 손을 코밑에 대고 허리나 고개를 약간 숙이며 인사합니다.

2. 상대방이 나이가 많거나 윗사람인 경우 먼저 인사해야 하며, 상대방이 나이가 어리거나 아랫사람인 경우 먼저 인사하지 않고 답례로 인사합니다.

3. 상대방이 동년배의 친구나 나이가 어린 경우 합장한 손을 가슴 앞 또는 코밑보다 더 아래에 대고 인사해도 됩니다. 실제로 이런 경우, 합장을 안 해도 무방합니다.

4. 합장한 손을 위로 올릴수록 상대방을 더 존경한다는 의미입니다.

태국 이름

1) 순서(이름＋성)

태국 이름은 '이름＋성' 순으로 말하며, 한국 이름 중에 한자를 사용한 이름이 많이 있듯이 태국 이름 중에는 팔리어나 산스크리트어에서 온 단어들이 많습니다.

예 มานะ สุขใจ 마–나(이름) 쑥짜이(성)

2) 본명과 닉네임 (ชื่อจริง 츠–찡 / ชื่อเล่น 츠–렌–)

태국인들은 본명(ชื่อจริง 츠–찡) 외에 일상생활에서 서로 편하게 부를 수 있는 짧고 쉬운 닉네임(ชื่อเล่น 츠–렌–)이 있습니다. 이는 본명이 길고 발음하기 어려운 경우가 많기 때문입니다. 닉네임은 본명에 들어 있는 태국어 문자를 가져와서 사용하기도 하고, 요즘은 영어 단어나 알파벳을 가져와서 사용하는 경우도 적지 않습니다.

ครอบครัว 크랍-크루-어
가족

단어 익히기

คุณพ่อ	**คุณแม่**	**ลูกชาย**	**ลูกสาว**
쿤퍼-	쿤매-	룩-차-이	룩-싸-우
아버지	어머니	아들	딸

คุณปู่	쿤뿌-	할아버지	**คุณย่า**	쿤야-	할머니
คุณตา	쿤따-	외할아버지	**คุณยาย**	쿤야-이	외할머니
พี่	피-	손윗사람에게 붙이는 호칭	**น้อง**	넝-	손아랫사람에게 붙이는 호칭
พี่สาว	피-싸-우	언니, 누나	**พี่ชาย**	피-차-이	오빠, 형
น้องสาว	넝-싸-우	여동생	**น้องชาย**	넝-차-이	남동생
พี่น้อง	피-넝-	형제, 자매	**ญาติ**	얏-	친척
ลูก	룩-	자녀	**ลูกหลาน**	룩-란-	손주
สามี	싸-미-	남편	**ภรรยา**	판야- / 판라야-	아내

주황색으로 표시된 부분을 바꾸어 활용해 보세요.

1. 가족 수, 구성원

A ครอบครัว ของ คุณ มี กี่ คน คะ
크랍-크루-어 컹- 쿤 미- 끼- 콘 카
당신의 가족은 몇 명 있습니까?

B ครอบครัว ของ ผม มี 4 คน ครับ
크랍-크루-어 컹- 폼 미- 씨- 콘 크랍
저의 가족은 네 명 있습니다.

คุณพ่อ คุณแม่ พี่สาว และ ผม ครับ
쿤퍼- 쿤매- 피-싸-우 래 폼 크랍
아버지, 어머니, 누나 그리고 저입니다.

2. 결혼

A คุณ แต่งงาน แล้ว หรือยัง ครับ
쿤 땡-응안- 래-우 르-양 크랍
당신은 결혼했습니까 아직입니까?

B แต่งงาน แล้ว ค่ะ / ยัง ไม่ แต่งงาน ค่ะ
땡-응안- 래-우 카 양 마이 땡-응안- 카
결혼했습니다. / 아직 결혼 안 했습니다.

- **ของ** 컹-
  ~의(소유격), 물건
- **มี** 미-
  있다, 가지다(have)
- **กี่** 끼-
  몇(의문사)
- **คน** 콘
  사람, ~명(수량사)
- **และ** 래
  그리고(접속사)
- **แต่งงาน** 땡-응안-
  결혼하다
- **แล้ว** 래-우
  완료형
- **หรือยัง** 르-양
  ~했습니까?, 아직입니까?(의문사)
- **ยัง** 양
  아직

โรงเรียน 롱–리–얀
학교

단어 익히기

นักเรียน
낙리–얀
학생

ครู
크루–
선생님

ห้องเรียน
헝–리–얀
교실

หนังสือ
낭쓰–
책

❶ 학교

โรงเรียน	롱–리–얀	학교	โรงเรียนอนุบาล 롱–리–얀아누반–	유치원
โรงเรียนประถม	롱–리–얀쁘라톰	초등학교	โรงเรียนมัธยม 롱–리–얀맛타욤	중고등학교
มหาวิทยาลัย	마하–윗타야–라이	대학교	บัณฑิตวิทยาลัย 반딧윗타야–라이	대학원

❷ 학위, 과목

นักศึกษา	낙쓱싸–	대학생	อาจารย์ 아–짠–	교수
ปริญญาตรี	빠린야–뜨리–	학사	ปริญญาโท 빠린야–토–	석사
ปริญญาเอก	빠린야–엑–	박사	วิชา 위차–	과목
วิชาเอก	위차–엑–	전공	คณิตศาสตร์ 카닛따쌋–	수학
ภาษาไทย	파–싸–타이	태국어	ภาษาอังกฤษ 파–싸–앙끄릿	영어
คอมพิวเตอร์	컴–피우뜨ㅓ–	컴퓨터	บริหารธุรกิจ 버리한–투라낏	경영

주황색으로 표시된 부분을 바꾸어 활용해 보세요.

1. 학교

A คุณ เรียน ที่ไหน คะ
쿤　리─얀　티─나이　카
당신은 어디에서 공부합니까?

B ผม เรียน ที่ มหาวิทยาลัย ครับ
폼　리─얀　티─　마하─윗타야─라이　크랍
저는 대학교에서 공부합니다.

- **เรียน** 리─얀
  공부하다, 배우다
- **ที่ไหน** 티─나이
  어디에서(의문사)
- **ที่** 티─
  ~에, ~에서(장소 앞에 위치, 전치사)

2. 전공

A คุณ เรียน อะไร ครับ
쿤　리─얀　아라이　크랍
당신은 무엇을 공부합니까?

B ดิฉัน เรียน ภาษาไทย ค่ะ
디찬　리─얀　파─싸─타이　카
저는 태국어를 공부합니다.

- **ภาษา** 파─싸─
  언어
- **ไทย** 타이
  태국

อาชีพ 아–칩–
직업

พนักงานบริษัท	หมอ	ครู	นักกีฬา
파낙응안–버리쌋	머–	크루–	낙낄–라
회사원	의사	선생님	운동선수

❶ 직업

ข้าราชการ 카–랏–차깐–	공무원	ตำรวจ 땀루–엇	경찰
ทหาร 타한–	군인	นางพยาบาล 낭–파야–반–	간호사
อาจารย์ 아–짠–	교수	แม่บ้าน 매–반–	가정주부
จิตรกร 찟뜨라껀–	화가	ช่างเสริมสวย 창–씀ㅓ–쑤–어이	미용사
พ่อ(แม่)ครัว 퍼–[매–]크루–어	요리사	นักร้อง 낙렁–	가수

▶ 요리사가 남자인 경우 '**พ่อครัว** 퍼–크루–어', 요리사가 여자인 경우 '**แม่ครัว** 매–크루–어'라고 부릅니다.

❷ 직장, 장소

ห้างสรรพสินค้า 항–쌉파씬카–	백화점	ไปรษณีย์ 쁘라이싸니–	우체국
ธนาคาร 타나–칸–	은행	โรงแรม 롱–램–	호텔
โรงเรียน 롱–리–안	학교	มหาวิทยาลัย 마하–윗타야–라이	대학교
บริษัท 버리쌋	회사	โรงพยาบาล 롱–파야–반–	병원

주황색으로 표시된 부분을 바꾸어 활용해 보세요.

1. 직업 묻기

A **คุณ ทำ งาน อะไร คะ**
쿤 탐 응안- 아라이 카
당신은 무슨 일을 합니까?

B **ผม เป็น พนักงานบริษัท ครับ**
폼 뻰 파낙응안-버리쌋 크랍
저는 회사원입니다.

2. 직장 묻기

A **คุณ ทำ งาน ที่ไหน ครับ**
쿤 탐 응안- 티-나이 크랍
당신은 어디에서 일합니까?

B **ดิฉัน ทำ งาน ที่ ธนาคาร ค่ะ**
디찬 탐 응안- 티- 타나-칸- 카
저는 은행에서 일합니다.

- **ทำ** 탐
하다, 만들다
- **งาน** 응안-
일, 업무
- **เป็น** 뻰
~이다

- **ที่ไหน** 티-나이
어디에서(의문사)
- **ที่** 티-
~에, ~에서(장소 앞에 쓰는 전치사)

08 นิสัย 니싸이
성격

단어 익히기

ใจดี 짜이 디– 착하다, 친절하다

ใจร้อน 짜이 런– 성격이 급하다

ขยัน 카얀 부지런하다

นิสัยดี	니싸이디–	성격이 좋다	ใจเย็น 짜이옌	차분하다
ร่าเริง	라–렁–	쾌활하다	ขี้เกียจ 카–끼–얏	게으르다
มองโลกในแง่ดี	멍–록–나이응애–디–	긍정적이다	ขี้อาย 카–아–이	부끄럼을 타다
ยิ้มเก่ง	임껭–	잘 웃는다	หัวดื้อ 후–어드–	고집이 세다

문형 익히기

주황색으로 표시된 부분을 바꾸어 활용해 보세요.

1. 성격 묻기 ①

A คุณ มี นิสัย อย่างไร คะ

쿤 미- 니싸이 양-라이 카

당신은 어떤 성격을 가졌습니까?

B ผม มี นิสัย **ขยัน** ครับ

폼 미- 니싸이 카얀 크랍

저는 **부지런한** 성격을 가졌습니다.

2. 성격 묻기 ②

A เขา เป็น คน อย่างไร ครับ

카오 뺀 콘 양-라이 크랍

그는 어떤 사람입니까?

B เขา เป็น คน**ใจดี** ค่ะ

카오 뺀 콘짜이디- 카

그는 **착한** 사람입니다.

• **อย่างไร** 양-라이

어떻게(의문사)

• **คน** 콘

사람, ~명

1. 소유격 ของ[컹-]

ของ[컹-]은 '~의'라는 뜻을 가진 소유격입니다. 소유자 앞에 위치하며, 소유격 ของ[컹-]은 생략 가능합니다.

> 예 **บริษัท ของ ผม** 버리쌋 컹- 폼   저의 회사 (= **บริษัทผม** 버리쌋 폼)
> ▸ ของ[컹-]을 명사로 쓰면 '물건'이라는 뜻이 됩니다.

2. 접속사 และ[래]

접속사 และ[래]는 '그리고'라는 뜻으로 나열하는 단어 수가 2개 이상일 때, 마지막 단어 앞에 한 번만 씁니다.

> 예 **ผม มี ภรรยา ลูกชาย และ ลูกสาว**   나는 아내 아들 그리고 딸이 있다.
> 폼 미- 판야- 룩-차-이 래 룩-싸-우
>
> ▸ 반대 접속사 : **แต่**[때-] 하지만, 그러나

3. 장소 앞에 붙는 전치사 ที่[티-]

ที่[티-]는 '~에, ~에서'라는 뜻의 전치사로, 장소 앞에 위치합니다. 그리고 문장에 따라 전치사 ที่[티-]는 생략 가능합니다.

> 예 **เรา เรียน (ที่) โรงเรียน** 라오 리-얀 (티-) 롱-리-얀   우리는 학교에서 공부한다.

4. 수량사

수량사의 위치는 다음과 같습니다.

(명사)＋숫자＋수량사

คน[콘]은 '사람'이라는 뜻을 가진 명사로, 사람을 세는 수량사(~명)로도 쓰입니다.

> 예 **สาม คน** 쌈-콘 세 명   **พี่ชาย สอง คน** 피-차-이 썽- 콘 오빠(형) 두 명

ปี[삐-]는 '해, 년'의 뜻을 가진 명사로, 연수 또는 나이를 세는 수량사(~년, ~살, ~세)로도 쓰입니다.

> 예 **อายุ 30 ปี** 아-유 쌈-씹 삐- 나이 30세

회화 익히기

■ 가족 소개

A ครอบครัว ของ คุณ มี กี่ คน ครับ
크랍-크루-어　　컹-　쿤　미-　끼-　콘　크랍

B ครอบครัว ของ ดิฉัน มี 4 คน ค่ะ
크랍-크루-어　　컹-　디찬　미-씨-콘　카

คุณพ่อ คุณแม่ พี่สาว และ ดิฉัน ค่ะ
쿤퍼-　쿤매-　피-싸우　래　디찬　카

A คุณพ่อ ทำ งาน อะไร ครับ
쿤퍼-　탐　응안-　아라이　크랍

B คุณพ่อ เป็น พนักงานบริษัท ค่ะ
쿤퍼-　뺀　파낙응안-버리쌋　카

A พี่สาว เรียน ที่ไหน ครับ
피-싸우　리-얀　티-나이　크랍

B พี่สาว เรียน ที่ มหาวิทยาลัย ค่ะ
피-싸우　리-얀　티-　마하-윗타야-라이　카

เธอ เป็น คนขยัน ค่ะ
터-　뺀　콘카얀　카

단어

- **ครอบครัว** 크랍-크루-어
  가족
- **มี** 미-
  있다, 가지다(have)
- **ของ** 컹-
  ~의(소유격), 물건
- **กี่** 끼-
  몇(의문사)
- **คน** 콘
  사람, ~명(수량사)
- **และ** 래
  그리고(접속사)
- **เรียน** 리-얀
  공부하다, 배우다
- **ที่ไหน** 티-나이
  어디에서(의문사)
- **ที่** 티-
  ~에, ~에서(장소 앞
  에 위치, 전치사)

해석

A 당신의 가족은 몇 명 있습니까?
B 저의 가족은 네 명 있습니다.
　아버지, 어머니, 언니 그리고 저입니다.
A 아버지는 무슨 일을 하십니까?
B 아버지는 회사원이십니다.
A 언니는 어디에서 공부합니까?
B 언니는 대학교에서 공부합니다.
　그녀는 부지런한 사람입니다.

자녀를 부르는 호칭

คนโต
콘또–
첫째

คนกลาง
콘끌랑–
중간

คนเล็ก
콘렉
막내

ลูก –룩– 자녀	ลูกคนโต 룩–콘또–	첫째자녀
	ลูกคนที่ 2 룩–콘티–쌍–	둘째자녀
	ลูกคนเล็ก 룩–콘렉	막내자녀
ลูกชาย –룩–차–이 아들	ลูกชายคนโต 룩–차–이콘또–	첫째아들
	ลูกชายคนที่2 룩–차–이콘티–쌍–	둘째아들
	ลูกชายคนเล็ก 룩–차–이콘렉	막내아들
ลูกสาว –룩–싸–우 딸	ลูกสาวคนโต 룩–싸–우콘또–	첫째딸
	ลูกสาวคนที่ 2 룩–싸–우콘티–쌍–	둘째딸
	ลูกสาวคนเล็ก 룩–싸–우콘렉	막내딸

คนที่ 콘티– (~번째 사람)＋숫자 ＝ 숫자 번째 사람

예 คนที่ 3 콘티–쌈– 세 번째 사람, 셋째

태국의 학년

태국도 한국과 마찬가지로 대학교 전까지는 초등학교부터 고등학교가 있습니다. 차이점은 태국은 중학교와 고등학교를 따로 분리하지 않고 중고등학교 교육을 한 학교에서 받습니다. 즉, 한국의 고등학교 1학년 학생은 태국의 중고등학교(โรงเรียนมัธยม[롱-리-얀맛타욤])에서는 4학년 학생이 됩니다.

태국에서 학년을 말할 때에는 'ชั้นปีที่[찬삐-티-] + 숫자'로 말합니다.

▶ **태국의 학년 구성**

  1) 초등학교(1학년~6학년)

  2) 중고등학교(1학년~6학년)

  3) 대학교(1학년~4학년)

▲태국의 대학생

▲태국의 중고등학생

▲태국의 초등학생

09

รูปร่าง ^{룹−랑−}
생김새

단어 익히기

อ้วน ^{우−언} 뚱뚱하다

ผอม ^{펌−} 날씬하다, 마르다

สูง ^{쑹−} 키가 크다

เตี้ย ^{띠−야} 키가 작다

ผมสั้น	폼싼	머리가 짧다	ผมยาว 폼야−우	머리가 길다
น่ารัก	나−락	귀엽다	ตาโต 따−또−	눈이 크다
จมูกโด่ง	짜묵−동−	코가 높다	ผิวขาว 피우카−우	피부가 희다
ผิวคล้ำ	피우클람	피부가 가무잡잡하다	ปากเรียว 빡−리−여우	입술이 두툼하다
ผมดำ	폼담	검은 머리	ผมสีทอง 폼씨−텅−	금발머리
หน้าตาดี	나−따−디−	얼굴이 괜찮다	อวบ 우−업	통통하다
รูปหล่อ	룹−러−	멋있다	สวย 쑤−어이	예쁘다

주황색으로 표시된 부분을 바꾸어 활용해 보세요.

1. 생김새 ① – 모습, 형체

A เขา มี รูปร่าง อย่างไร คะ

카오 미– 룹–랑– 양–라이 카

그는 어떻게 생겼습니까?

B เขา เป็น คน สูง ครับ

카오 뻰 콘 쑹– 크랍

그는 키가 큰 사람입니다.

- รูปร่าง 룹–랑–
  모습, 형체, 몸매

2. 생김새 ② – 얼굴

A เขา เป็น คน หน้าตา อย่างไร ครับ

카오 뻰 콘 나–따– 양–라이 크랍

그는 얼굴이 어떻게 생겼습니까?

B เขา เป็น คน จมูกโด่ง ค่ะ

카오 뻰 콘 짜묵–동– 카

그는 코가 높은 사람입니다.

- หน้าตา 나–따–
  얼굴, 외모

บ้าน _{반-}
집(거주지)

บ้านเดี่ยว
반-디-여우

주택

คอนโด
컨-도-

콘도(고급 아파트)

อพาร์ทเม้นท์
아팟-멘-

아파트(원룸형 오피스텔, 연립주택)

❶ 집 종류

บ้าน2ชั้น 반-썽-찬	2층 주택	บ้านเช่า 반-차오	렌트(셋) 집
บ้านพัก 반-팍	관사, 별장	บ้านแบบเกาหลี 반-뱁-까올리-	한옥

❷ 지역

กรุงโซล 끄룽쏜-	서울	เมือง 므-엉	도시, ~시
จังหวัด 짱왓	~도	หมู่บ้าน 무-반-	마을, ~리
ชนบท 촌나봇	시골	เกาะ 꺼	섬

주황색으로 표시된 부분을 바꾸어 활용해 보세요.

1. 거주지 위치

A บ้าน ของ คุณ อยู่ ที่ไหน คะ
반– 컹– 쿤 유– 티–나이 카
당신의 집은 어디에 있습니까?

B บ้าน ของ ผม อยู่ ที่ กรุงเทพ ครับ
반– 컹– 폼 유– 티– 끄룽텝– 크랍
저의 집은 방콕에 있습니다.

2. 거주지 종류

A บ้าน ของ คุณ เป็น แบบไหน ครับ
반– 컹– 쿤 뻰 뱁–나이 크랍
당신의 집은 어떤 형태입니까?

B บ้าน ของ ดิฉัน เป็น บ้านเดี่ยว ค่ะ
반– 컹– 디찬 뻰 반–디–여우 카
저의 집은 주택입니다.

- อยู่ 유–
  있다, 살다
- กรุงเทพ 끄룽텝–
  방콕

- แบบ 뱁–
  형식
- ไหน 나이
  어느, 어떤(의문사)
- แบบไหน 뱁–나이
  어떤 형식

11

บ้านเกิด 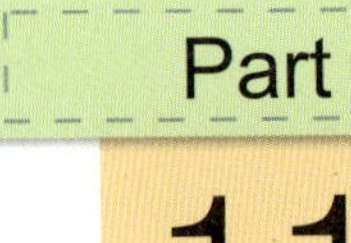 반-끗ㅓ-

고향

บ้านเกิด
반-끗ㅓ-

고향

เมืองหลวง
므-엉루-엉

수도

ต่างจังหวัด
땅-짱왓

지방

■ 고향 관련 추가 단어

ทำนา	탐나-	논농사하다	ทำไร่	탐라이	밭농사하다
ปลูก	쁠룩-	심다	ต้นไม้	똔마이	나무
สวนผลไม้	쑤-언폰라마이	과수원	เลี้ยง	리-양	기르다, 대접하다
หมู	무-	돼지	วัว	우-어	소
ชาวนา	차-우나-	농민	ชาวประมง	차-우쁘라몽	어민

문형 익히기

주황색으로 표시된 부분을 바꾸어 활용해 보세요.

1. 고향

A บ้านเกิด ของ คุณ อยู่ ที่ไหน คะ
반–껏– 컹– 쿤 유– 티–나이 카

당신의 고향은 어디에 있습니까?

B บ้านเกิด ของ ผม อยู่ ที่ เชียงใหม่ ครับ
반–껏– 컹– 폼 유– 티– 치–앙마이 크랍

저의 고향은 치앙마이에 있습니다.

2. 고향 방문 횟수

A คุณ ไปเยี่ยม (ที่) บ้านเกิด เดือน ละ
쿤 빠이이–얌 (티–) 반–껏– 드–언 라

กี่ ครั้ง ครับ
끼– 크랑 크랍

당신은 한 달에 몇 번 고향을 방문합니까?

B เดือน ละ 2 ครั้ง ค่ะ
드–언 라 썽– 크랑 카

한 달에 2번입니다.

· **เกิด** 껏–
태어나다, 발생하다

· **เยี่ยม** 이–얌 방문하다
· **ไปเยี่ยม** 빠이이–얌
방문하다(가다)

· **เดือน** 드–언 월, 달
· **กี่ ครั้ง** 끼– 크랑
몇 번?(의문사)

· **ละ** 라 ~당, ~마다
· **ครั้ง** 크랑 ~번, ~회

12

งานอดิเรก _{응안-아디렉-}
취미

ดูหนัง _{두-낭} 영화를 보다

อ่านหนังสือ _{안-낭쓰-} 책을 읽다

ฟังเพลง _{황플렝-} 노래를 듣다

ดูโทรทัศน์ _{두-토-라탓} 텔레비전을 보다

---

❶ 운동, 게임, 악기

เล่นกีฬา	렌-낄-라-	운동하다	เล่นแบดมินตัน	렌-뱃-민딴	배드민턴을 하다
เล่นเบสบอล	렌-벳-번-	야구를 하다	เล่นบาสเกตบอล	렌-밧-껫-번-	농구를 하다
เล่นฟุตบอล	렌-훗번-	축구를 하다	เล่นคอมพิวเตอร์	렌-컴-피우뜨ㅓ-	컴퓨터를 하다
เล่นเกม	렌-껨-	게임을 하다	เล่นเปียโน	렌-삐-야노-	피아노를 치다

❷ 기타 취미

ทำอาหาร	탐아-한-	요리를 하다	ร้องเพลง	렁-플렝-	노래를 부르다
ตกปลา	똑쁠라-	낚시를 하다	ว่ายน้ำ	와-이남	수영을 하다
วาดภาพ	왓-팝-	그림을 그리다	ถ่ายรูป	타-이룹-	사진을 찍다

문형 익히기

주황색으로 표시된 부분을 바꾸어 활용해 보세요.

A **คุณ ชอบ ทำ อะไร คะ**
쿤　첩–　탐　아라이　카
당신은 무엇을 하는 것을 좋아합니까?

B **ผม ชอบ ดูหนัง ครับ**
폼　첩–　두–낭　크랍
저는 영화 보는 것을 좋아합니다.

2. 취미

A **คุณ มี งานอดิเรก อะไร ครับ**
쿤　미–　응안–아디렉–　아라이　크랍
당신은 무슨 취미를 가지고 있습니까?

B **งานอดิเรก ของ ดิฉัน คือ การอ่านหนังสือ**
응안–아디렉–　컹　디찬　크–　깐–안–낭쓰–
ค่ะ
카
저의 취미는 책 읽기입니다.

• ชอบ 첩–
좋아하다

• ทำ 탐
하다, 만들다

• คือ 크–
~이다, 즉~이다

• การ 깐–
동사 앞에 붙어 명사형으로
만들어 줌

1. 동사·형용사를 명사형으로 만들기 การ[깐-]/ความ[쾀-]

การ[깐-]과 ความ[쾀-]은 동사·형용사 앞에 붙어 명사형으로 만들어 주는 역할을 합니다.

① การ[깐-] : 행동을 나타내는 동사 앞

> 예 การ[깐-] + พูด[풋-] 말하다 = การพูด[깐-풋-] 말하기

② ความ[쾀-] : 감정 등을 나타내는 동사, 형용사 앞

> 예 ความ[쾀-] + สูง[쑹-] 높다, 높은 = ความสูง[쾀-쑹-] 높이, 키

2. ชอบ[첩-] 좋아하다 + 명사·동사

ชอบ[첩-]은 '좋아하다'라는 뜻의 동사로, 뒤에 동사나 명사가 올 수 있습니다.

> 예 เขา ชอบ อาหารไทย
> 카오 첩- 아-한-타이
> 그는 태국 음식을 좋아한다.

> เขา ชอบ กิน อาหารไทย
> 카오 첩- 낀 아-한-타이
> 그는 태국 음식을 먹는 것을 좋아한다.
> ▶อาหารไทย 아-한-타이 태국 음식 / กิน 낀 먹다

3. ~당, ~마다 ละ[라]

ละ[라]는 '~당, ~마다'라는 의미로 명사(수량사) 다음에 위치합니다.

> 예 เรา เรียน ภาษาอังกฤษ วัน ละ สอง ชั่วโมง
> 라오 리-얀 파-싸-잉끄릿 완 라 쌩- 추-어몽-
> 우리는 하루에 두 시간 영어 공부를 한다.
> ▶ชั่วโมง 추-어몽- ~시간(걸린 시간)

■ 거주지, 고향

A บ้าน ของ คุณ อยู่ ที่ไหน ครับ
반- 컹- 쿤 유- 티-나이 크랍

B บ้าน ของ ดิฉัน อยู่ ที่ กรุงโซล ค่ะ
반- 컹- 디찬 유- 티- 끄룽쏜- 카

แล้ว บ้าน ของ คุณ อยู่ ที่ไหน คะ
래-우 반- 컹- 쿤 유- 티-나이 카

A บ้าน ของ ผม อยู่ ที่ กรุงเทพ ครับ
반- 컹- 폼 유- 티- 끄룽텝- 크랍

B บ้าน ของ คุณ เป็น แบบไหน คะ
반- 컹- 쿤 뻰 뱁-나이 카

A บ้าน ของ ผม เป็น บ้านเดี่ยว ครับ
반- 컹- 폼 뻰 반-디-여우 크랍

บ้านเกิด ของ คุณ อยู่ ที่ไหน ครับ
반-꺼ㄷ- 컹- 쿤 유- 티-나이 크랍

B บ้านเกิด ของ ดิฉัน อยู่ ที่ เมืองอินชอน ค่ะ
반-꺼ㄷ- 컹- 디찬 유- 티- 므-엉인천- 카

ดิฉัน ไปเยี่ยม (ที่) บ้านเกิด เดือน ละ 2 ครั้ง ค่ะ
디찬 빠-이이-얌 (티-) 반-꺼ㄷ- 드-언 라 썽- 크랑 카

단어

- **อยู่** 유-
  있다, 살다
- **แล้ว** 래-우
  그러면(접속사), 그리고 나서, 완료형
- **กรุงเทพ** 끄룽텝-
  방콕
- **แบบไหน** 뱁-나이
  어떤 형식
- **เป็น** 뻰
  ~이다
- **บ้านเกิด** 반-꺼ㄷ-
  고향
- **ไปเยี่ยม** 빠-이이-얌
  방문하다(가다)
- **เดือน** 드-언
  월, 달
- **ละ** 라
  ~당, ~마다
- **ครั้ง** 크랑
  ~번, ~회

해석
A 당신의 집은 어디에 있습니까?
B 저의 집은 서울에 있습니다.
  그러면 당신의 집은 어디에 있습니까?
A 저의 집은 방콕에 있습니다.
B 당신의 집은 어떤 형태입니까?
A 저의 집은 주택입니다.
  당신의 고향은 어디에 있습니까?
B 저의 고향은 인천시에 있습니다.
  저는 한 달에 2번 고향을 방문합니다.

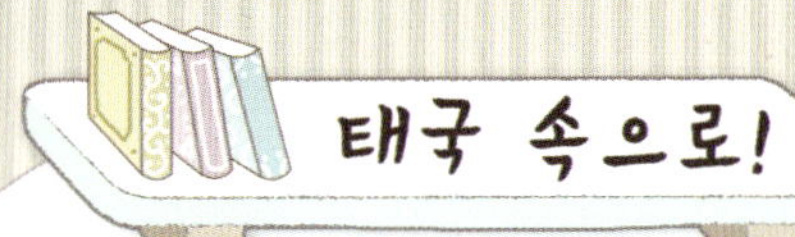

태국의 현대식 가옥 종류

태국의 가옥은 전통가옥부터 아파트, 타운하우스 등 종류가 다양합니다. 그 중 4가지 현대식 가옥의 형태와 특징을 소개해 보겠습니다.

1) 단독주택 (บ้านเดี่ยว 반-디-여우)

단독주택은 태국 사람들이 가장 선호하는 가옥 형태입니다. 이웃집들과 비교적 간격이 떨어져 있기 때문에 개인적인 공간을 느낄 수 있습니다. 또한 건물을 지을 때, 개인의 취향에 따라 주택 스타일과 크기를 다르게 할 수 있습니다.

2) 콘도 (คอนโด 컨-도-)

태국의 콘도는 우리나라의 아파트와 형태가 유사합니다. 태국의 콘도는 주로 도시 중심지에 위치하며, 각종 편의시설을 쉽게 이용할 수 있습니다. 콘도 입주자는 콘도에 있는 메인홀, 주차장, 엘리베이터, 운동장 등을 이용할 수 있으며, 관리비를 별도로 내야 합니다.

3) (Flat형) 아파트 (อพาร์ทเม้นท์ 아팟–멘–)

　'흘랫(แฟลต)'으로도 불리는 태국의 아파트는 여러 층으로 이루어져 있지만 태국의 콘도보다 평수가 작고, 가격도 상대적으로 저렴한 편이며 주로 임대용입니다.

4) 타운하우스 (ทาวน์เฮ้าส์ 타–우하오)

　태국의 타운하우스는 보통 2~3층의 형태로 되어 있으며, 도시에 있으면 비싸지만 지방에 있는 타운하우스의 경우 단독주택보다 상대적으로 값이 저렴합니다.

เวลา _{웰–라–}
시간

โมง _{몽–} ~시

นาที _{나–티–} ~분

วินาที _{위나–티–} ~초

ชั่วโมง _{추–어몽–} ~시간(걸린 시간)

■ 시간

오전 1시 ~ 정오 12시	오후 1시 ~ 자정
• 새벽 1시 ~ 5시 : **ตี** [띠–]	• 오후 1시 ~ 3시 : **บ่าย** [바–이]
→ **ตี** [띠–]+숫자	→ **บ่าย** [바–이]+숫자+**โมง** [몽–]
• 오전 6시 ~ 11시 : **เช้า** [차오]	• 저녁 4시 ~ 6시 : **เย็น** [옌]
→ 숫자+**โมงเช้า** [몽–차오]	→ 숫자+**โมงเย็น** [몽–옌]
• 정오 : **เที่ยง(วัน)** [티–양(완)]	• 밤 7시 ~ 11시 : **ทุ่ม** [툼]
	→ 숫자+**ทุ่ม** [툼]
	▶이때 숫자는 1(밤 7시) ~ 5(밤 11시)로 씁니다.
	• 자정 : **เที่ยงคืน** [티–양큰–]

주황색으로 표시된 부분을 바꾸어 활용해 보세요.

1. 현재 시간

A ตอนนี้ กี่ โมง คะ
떤-니-　　　까-몽-　　카
지금 몇 시입니까?

B ตอนนี้ 9 โมงเช้า ครับ
떤-니-　　　까오 몽-차오　　　크랍
지금 오전 9시입니다.

- **ตอนนี้** 떤-니-
  지금
- **กี่ โมง** 까-몽-
  몇 시(의문사)

2. 소요 시간

A ใช้เวลา กี่ ชั่วโมง ครับ
차이웰-라-　　까-추-어몽-　　크랍
몇 시간이 걸립니까?

B ใช้เวลา 2 ชั่วโมง ค่ะ
차이웰-라-　　썽-　추-어몽-　　카
2시간이 걸립니다.

- **ใช้** 차이
  사용하다
- **เวลา** 웰-라-
  시간
- **ใช้เวลา** 차이웰-라-
  시간이 걸리다

วัน/เดือน <완/드-언>
요일/월

วันนี้ <완니-> 오늘

เมื่อวานนี้ <므-어완-니-> 어제

พรุ่งนี้ <프룽니-> 내일

เดือน <드-언> ~달, ~월

❶ 요일

วันจันทร์ <완짠>	월요일	วันอังคาร <완앙칸->	화요일
วันพุธ <완풋>	수요일	วันพฤหัสบดี <완파르핫싸버디->	목요일
วันศุกร์ <완쑥>	금요일	วันเสาร์ <완싸오>	토요일
วันอาทิตย์ <완아-팃>	일요일		

*'วันพฤหัสบดี(목요일)은 <완프르핫싸버디->'라고 발음하기도 합니다.

❷ 달, 월

มกราคม <마까라-콤>	1월	กุมภาพันธ์ <꿈파-판>	2월
มีนาคม <미-나-콤>	3월	เมษายน <메-싸-욘>	4월
พฤษภาคม <프르싸파-콤>	5월	มิถุนายน <미투나-욘>	6월
กรกฎาคม <까라까다-콤>	7월	สิงหาคม <씽하-콤>	8월
กันยายน <깐야-욘>	9월	ตุลาคม <뚤라-콤>	10월
พฤศจิกายน <프르싸찌까-욘>	11월	ธันวาคม <탄와-콤>	12월

*'มกราคม(1월)은 <목까라-콤>'이라고 발음하기도 합니다.

문형 익히기

주황색으로 표시된 부분을 바꾸어 활용해 보세요.

1. 요일

A วันนี้ เป็น วัน อะไร คะ
완니- 뼨 완 아라이 카
오늘은 무슨 요일입니까?

B วันนี้ เป็น **วันอาทิตย์** ครับ
완니- 뼨 완아-팃 크랍
오늘은 일요일입니다.

2. 날짜

A วันนี้ เป็น วัน ที่เท่าไร ครับ
완니- 뼨 완 티-타오라이 크랍
오늘은 며칠입니까?

B วันนี้ เป็น วันที่ **10** เดือน**เมษายน** ค่ะ
완니- 뼨 완티- 씹 드-언메-싸-욘 카
오늘은 4월 10일입니다.

- ที่เท่าไร 티-타오라이
  ~번째입니까?(의문사)
- ที่ 티-
  ที่ + 숫자 = 서수(~번째)
- วันที่ 완티-
  ~번째 날(일)

ชีวิตประจำวัน 치-윗쁘라짬완
하루 일과

단어 익히기

ตื่นนอน
뜬-넌-

잠에서 깨다

ทำงาน
탐응안-

일하다

กินอาหารเย็น
낀아-한-옌

저녁을 먹다

❶ 하루 일과

อาบน้ำ	압-남	샤워하다	ล้างหน้า	랑-나-	세수하다
แต่งตัว	땡-뚜-어	(옷)치장하다	ออกจากบ้าน	억-짝-반-	집에서 나오다
กินอาหารกลางวัน	낀아-한-끌랑-완	점심을 먹다	กินอาหารเย็น	낀아-한-옌	저녁을 먹다
กลับบ้าน	끌랍반-	집에 돌아오다	ถึงบ้าน	틍반-	집에 도착하다
พักผ่อน	팍펀-	휴식하다	เข้านอน	카오넌-	자다

❷ 기타 활용 단어

เริ่ม A	름어-A	A를 시작하다	เลิก A	륵어-A	A가 끝나다
A เสร็จแล้ว	A 쎗래-우	A를 끝내다	หลังจาก A	랑짝-A	A한 이후

주황색으로 표시된 부분을 바꾸어 활용해 보세요.

1. 일과 묻기 ①

A คุณ ตื่นนอน กี่ โมง คะ
쿤　뜬-넌-　까-　몽-　카

당신은 몇 시에 일어납니까?

B ผม ตื่นนอน 6 โมงเช้า ครับ
폼　뜬-넌-　혹　몽-차오　크랍

저는 오전 6시에 일어납니다.

2. 일과 묻기 ②

A คุณ ทำงาน กี่ ชั่วโมง ครับ
쿤　탐응안-　까-　추-어몽-　크랍

당신은 몇 시간 일합니까?

B ดิฉัน ทำงาน 8 ชั่วโมง ค่ะ
디찬　탐응안-　뺏-　추-어몽-　카

저는 8시간 일합니다.

· กี่ ชั่วโมง 까-　추-어몽-
몇 시간(의문사)

16

วันหยุด 완윳
휴일

ปลายสัปดาห์
완라–이쌉다–
주말

วันลาพัก
완라–팍
휴가일

วันหยุดราชการ
완윳랏–차깐–
공휴일

■ 휴일 일과

ทำงานบ้าน	탐응안–반–	집안일을 하다	ไปซื้อของ 빠이쓰–컹–	물건을 사러 가다
ทำอาหาร	탐아–한–	음식을 하다	ทำความสะอาด 탐쾀–싸앗–	청소하다
พบเพื่อน	폽프–언	친구를 만나다	ไปเที่ยว 빠이티–여우	놀러가다
ดื่มเหล้า	듬–라오	술을 마시다	ร้องเพลง 렁–플렝–	노래를 부르다
ดูโทรทัศน์	두–토–라탓	텔레비전을 보다	ดูหนัง 두–낭	영화를 보다
อ่านหนังสือพิมพ์	안–닝쓰–핌	신문을 읽다	กินอาหารอร่อย 낀아–한–아러–이	맛있는 음식을 먹다

문형 익히기

주황색으로 표시된 부분을 바꾸어 활용해 보세요.

1. 휴일

A วันหยุด คุณ จะ ทำ อะไร บ้าง คะ
완윳　　　쿤　짜　탐　아라이　방–　카

휴일에 당신은 무엇을 할 것입니까?

B ผม จะ ดูหนัง ครับ
폼　짜　두–낭　　크랍

저는 영화를 볼 것입니다.

---

2. 휴식하기

A ปกติ เวลา พักผ่อน คุณ ชอบ ทำ
빠까띠　웰–라–　팍펀–　　　쿤　첩–　탐

อะไร ครับ
아라이　　크랍

보통 휴식 시간에 당신은 무엇을 하는 것을 좋아합니까?

B ปกติ ดิฉัน ดื่มกาแฟ และ ฟังเพลง ค่ะ
빠까띠　디찬　듬–까–홰–　래　황플렝–　　카

보통 저는 커피를 마시고 노래를 듣습니다.

- จะ 짜
  미래, 의지 조동사(동사 앞에 위치)
- บ้าง 방–
  좀(의문사 뒤에 붙어서 더 자연스러운 의문문으로 만들어 줌)

- ปกติ 빠까띠　보통
- เวลา 웰–라–　시간
- พักผ่อน 팍펀–
  휴식하다
- ดื่ม 듬–　마시다
- กาแฟ 까–홰–　커피
- ฟัง 황　듣다
- เพลง 플렝–　노래

1. 부정문 – ไม่ [마이] + 동사

태국어의 부정문을 만들 때에는 동사 앞에 부정사 ไม่ [마이]를 붙이면 됩니다. 하지만, 동사 เป็น(뻰 : ~이다)의 경우에는 부정형으로 ไม่ใช่ (마이차이 : ~아니다)를 사용합니다.

2. 시작하다(เริ่ม 름ㅓ-)와 끝나다(เลิก 릐ㅓ- / เสร็จแล้ว 쎘래-우)

시작하다(เริ่ม 름ㅓ-)와 끝나다(เลิก 릐ㅓ-) 뒤에는 명사·동사가 다 올 수 있습니다.

예 **เริ่ม**ทำงาน 름ㅓ-탐응안-　　근무하는 것을 시작하다.
เริ่มงาน 름ㅓ-응안-　　　　근무를 시작하다.

끝나다(เสร็จแล้ว 쎘래-우)는 문장(동사) 뒤에 위치합니다.

예 ทำงาน**เสร็จแล้ว** 탐응안-쎘래-우　　근무하는 것을 끝내다.

3. 미래 조동사　จะ [짜]

동사 앞에 위치하여 문장을 미래형으로 만들어 줍니다.

예 ผม **จะ** ไป (ที่) ประเทศไทย　　나는 태국에 갈 것이다.
폼 짜 빠이 (티-) 쁘라텟-타이

4. 일 / 월 / 년 – วัน 완 / เดือน 드-언 / ปี 삐-

태국어에서 날짜를 말하는 순서는 작은 단위를 먼저, 큰 단위를 나중에 말합니다.

태국의 날짜 말하는 순서 : 일(วัน 완) → 월(เดือน 드-언) → 년(ปี 삐-)

예 **วันที่ 10 เดือนมีนาคม ปี 2013**　　2013년 3월 10일
완티- 씹 드-언미-나-콤 삐- 썽-판씹쌈-

■ 하루 일과

A คุณ ตื่นนอน กี่ โมง ครับ
쿤　뜬-넌-　까-　몽　크랍

B ดิฉัน ตื่นนอน 6 โมงเช้า ค่ะ
디찬　뜬-넌-　혹　몽-차오　카

คุณ ไปทำงาน กี่ โมง คะ
쿤　빠이탐응안-　까-　몽-　카

A ผม ไปทำงาน 8 โมงเช้า ครับ
폼　빠이탐응안-　뺏-　몽-차오　크랍

B คุณ ทำงาน กี่ ชั่วโมง คะ
쿤　탐응안-　까-　추-어몽-　카

A ผม ทำงาน 8 ชั่วโมง ครับ
폼　탐응안-　뺏-　추-어몽-　크랍

วันหยุด คุณ จะ ทำ อะไร บ้าง ครับ
완윳　쿤　짜　탐　아라이　방-　크랍

B ดิฉัน จะ ดูหนัง ค่ะ
디찬　짜　두-낭　카

- **ตื่นนอน** 뜬-넌-
  잠에서 깨다
- **กี่ โมง** 까-　몽-
  몇 시
- **โมงเช้า** 몽-차오
  (정각)오전 ~시
- **กี่ ชั่วโมง**
  까-　추-어몽-
  몇 시간(의문사)
- **ชั่วโมง** 추-어몽-
  ~시간(걸린 시간)
- **วันหยุด** 완윳
  휴일
- **ดู** 두-
  보다
- **หนัง** 낭
  영화

A 당신은 몇 시에 일어납니까?
B 저는 오전 6시에 일어납니다.
　당신은 몇 시에 일하러 갑니까?
A 저는 오전 8시에 일하러 갑니다.
B 당신은 몇 시간 일합니까?
A 저는 8시간 일합니다.
　휴일에 당신은 무엇을 할 것입니까?
B 저는 영화를 볼 것입니다.

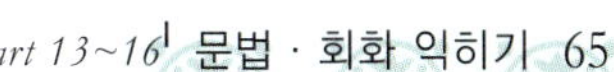

요일을 상징하는 색

태국은 각 요일마다 요일을 상징하는 색이 있습니다. 태국인들은 본인의 태어난 요일과 그 요일에 대한 색을 기억하는 것을 중요하게 여깁니다. 현 푸미폰 아둔라렉 국왕이 태어난 날은 월요일인데, 태국 국민들은 왕에 대한 존경심을 표현하는 한 가지 방법으로 월요일을 상징하는 노란색 티셔츠를 자주 입습니다.

วันจันทร์ 완짠	วันอังคาร 완앙칸-	วันพุธ 완풋	วันพฤหัสบดี 완파르핫싸버디-	วันศุกร์ 완쑥	วันเสาร์ 완싸오	วันอาทิตย์ 완아-팃
월요일	화요일	수요일	목요일	금요일	토요일	일요일
노랑색	분홍색	초록색	주황색	하늘색	보라색	빨강색

태국식 연도 표시

태국의 년도 표시에는 불력(พ.ศ.)과 서력(ค.ศ.) 두 가지가 있습니다.

1) 서력

서력은 일반적으로 쓰는 년도 표시로 ค.ศ.[커-써-] 또는 그냥 ปี[삐-]로 쓰기도 합니다.

예 วันที่ 20 สิงหาคม ค.ศ. 2013   2013년 8월 20일
완티- 이-씹 씽하-콤 커-써- 썽-판씹쌈-

วันที่ 12 กันยายน ปี 2014   2014년 9월 12일
완티- 씹썽- 깐야-욘 삐- 썽-판씹씨-

2) 불력

서력에 543을 더해 주면 불력이 됩니다. 불력은 พ.ศ.[퍼–써–]라고 씁니다.

📷 **วันที่ 7 เมษายน พ.ศ. 2554**

완티– 쩻 메–싸–욘 퍼–써– 썽–판하–러–이하–씹씨–

2011년 4월 7일

주, 월, 년 말하기

อาทิตย์	아–팃	주, 일주일, 태양
อาทิตย์นี้	아–팃니–	이번 주
อาทิตย์ที่แล้ว	아–팃티–래–우	지난 주
อาทิตย์หน้า	아–팃나–	다음 주
เดือน	드–언	달, 월
เดือนนี้	드–언니–	이번 달
เดือนที่แล้ว	드–언티–래–우	지난 달
เดือนหน้า	드–언나–	다음 달
ปี	삐–	년, 해
ปีนี้	삐–니–	올해
ปีที่แล้ว	삐–티–래–우	작년
ปีหน้า	삐–나–	내년

17 อากาศ 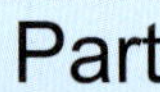
날씨

단어 익히기

ร้อน
런-
덥다, 뜨겁다

หนาว
나-우
춥다

อบอุ่น
옵운
따뜻하다

❶ 날씨

แจ่มใส	짬-싸이	맑다	
ฝนตก	휜똑	비가 내리다	
ลมพัด	롬팟	바람이 불다	
หมอก	먹-	안개	
อากาศดี	아-깟-디-	날씨가 좋다	

เย็นสบาย	옌싸바-이	시원하다
หิมะตก	히마똑	눈이 내리다
มืดครึ้ม	믓-크름	흐리다
ฟ้าร้อง	화-렁-	천둥
อากาศไม่ดี	아-깟-마이디-	날씨가 좋지 않다

❷ 기온

พยากรณ์อากาศ	파야-껀-아-깟-	기상청
องศา	옹싸-	~도

อุณหภูมิ	운나하품-	기온, 온도
ติดลบ~องศา	띳롭~옹싸-	영하 ~도

주황색으로 표시된 부분을 바꾸어 활용해 보세요.

---

1. 날씨

A วันนี้ อากาศ เป็นอย่างไร บ้าง คะ
완니– 아–깟– 뻰양–라이 방– 카

오늘 날씨는 어떻습니까?

B วันนี้ อากาศ ร้อน ครับ
완니– 아–깟– 런– 크랍

오늘 날씨는 덥습니다.

- **อากาศ** 아–깟–
  날씨, 공기, 대기
- **เป็นอย่างไร** 뻰양–라이
  어떻습니까?(의문사)

2. 기온

A วันนี้ อุณหภูมิ กี่ องศา ครับ
완니– 운나하품– 까– 옹싸– 크랍

오늘 기온은 몇 도입니까?

B วันนี้ อุณหภูมิ 25 องศา ค่ะ
완니– 운나하품– 이–씹 하– 옹싸– 카

오늘 기온은 25도입니다.

ฤดูกาล 르투–깐–

계절

ฤดูร้อน
르투–런–

여름

ฤดูหนาว
르투–나ˇ우

겨울

ฤดูฝน
르투–훤ˇ

우기

❶ 계절

ฤดู 르투–	계절	ฤดูใบไม้ผลิ 르투–바이마이플리	봄
ฤดูใบไม้ร่วง 르투–바이마이루–엉	가을	ฤดูแล้ง 르투–랭–	건기

❷ 계절 관련 추가 단어

พายุไต้ฝุ่น 파–유따이훈	태풍	แห้งแล้ง 행–랭–	가뭄
ไฟป่า 화이빠–	산불	น้ำท่วม 남투–엄	홍수

문형 익히기

주황색으로 표시된 부분을 바꾸어 활용해 보세요.

1. 좋아하는 계절

A คุณ ชอบ ฤดู อะไร ที่สุด คะ
쿤　첩－　르두－　아라이　티－쑷　카

당신은 무슨 계절을 가장 좋아합니까?

B ผม ชอบ **ฤดูร้อน** ที่สุด ครับ
폼　첩－　르두－런－　티－쑷　크랍

저는 여름을 가장 좋아합니다.

2. 한국의 계절

A ประเทศเกาหลี มี กี่ ฤดู ครับ
쁘라텟－까올리－　미－　끼－　르두－　크랍

한국은 몇 계절이 있습니까?

B มี 4 ฤดู ค่ะ **ฤดูใบไม้ผลิ ฤดูร้อน**
미－　씨－르두－　카　르두－바이마이플리　르두－런－

ฤดูใบไม้ร่วง และ **ฤดูหนาว** ค่ะ
르두－바이마이루－엉　래　르두－나－우　카

4계절이 있습니다. 봄, 여름, 가을 그리고 겨울입니다.

สถานที่ 싸탄-티-
장소

ใกล้
끌라이

가깝다

ไกล
끌라이

멀다

ตรงกันข้าม
뜨롱깐캄-

맞은편

■ **기타 장소**

โรงหนัง 롱-낭	영화관	**ร้านกาแฟ** 란-까-퐤-	커피숍
ร้านเหล้า 란-라오	술집	**ร้านอาหาร** 란-아-한-	식당
ร้านขายยา 란-카-이야-	약국	**ร้านขายหนังสือ** 란-카-이낭쓰-	서점
ห้างสรรพสินค้า 항-쌉파씬카-	백화점	**ไปรษณีย์** 쁘라이싸니-	우체국
ปั๊มน้ำมัน 빰남만	주유소	**สวนสาธารณะ** 쑤-언싸-타-라나	공원
ร้านสะดวกซื้อ 란-싸두-억쓰-	편의점	**สนามกีฬา** 싸남-낄-라-	운동장

문형 익히기

주황색으로 표시된 부분을 바꾸어 활용해 보세요.

1. 장소 묻기 ①

A แถว โรงเรียน ของ คุณ มี อะไร บ้าง คะ
태-우 롱-리-얀 컹- 쿤 미- 아라이 방- 카

당신의 학교 근처에는 무엇이 있습니까?

B แถว โรงเรียน ของ ผม มี สวนสาธารณะ
태-우 롱-리-얀 컹- 폼 미- 쑤-언싸-타-라나

ครับ
크랍

저의 학교 근처에는 공원이 있습니다.

2. 장소 묻기 ②

A บ้าน ของ คุณ อยู่ ใกล้ กับ อะไร ครับ
반- 컹- 쿤 유- 끌라이 깝 아라이 크랍

당신의 집은 무엇과 가까이 있습니까?

B บ้าน ของ ดิฉัน อยู่ ใกล้ กับ บริษัท ค่ะ
반- 컹- 디찬 유- 끌라이 깝 버리쌋 카-

저의 집은 회사와 가까이 있습니다.

· แถว 태-우
근처

· กับ 깝
~와(접속사)

20

ตำแหน่ง 위치

บน 위

ใต้ 아래

ข้าง 옆, ~쪽

---

❶ 위치

ขวา(มือ)	오른쪽	ซ้าย(มือ)	왼쪽
กลาง	중간, 중앙	ข้างล่าง	밑쪽
ข้างหน้า	앞쪽	ข้างหลัง	뒤쪽
ข้างใน	안쪽	ข้างนอก	바깥쪽
ภาคใต้	남부	ภาคเหนือ	북부
ภาคกลาง	중부	ภาคอีสาน	동북부

❷ 방위(동서남북)

ทิศตะวันออก	동쪽	ทิศตะวันตก	서쪽
ทิศใต้	남쪽	ทิศเหนือ	북쪽

문형 익히기

주황색으로 표시된 부분을 바꾸어 활용해 보세요.

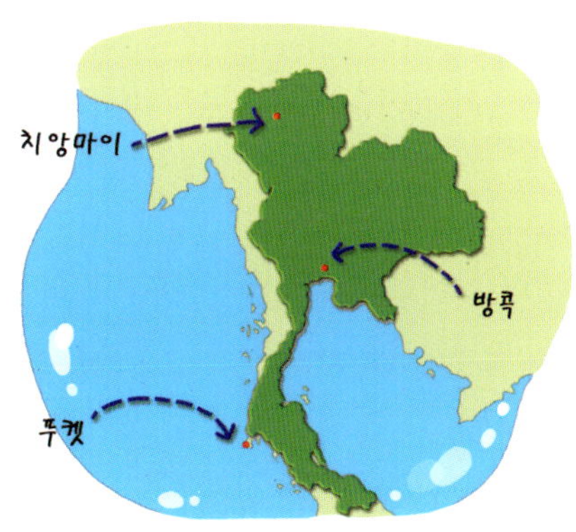

1. 물건 위치

A หนังสือ ของ ดิฉัน อยู่ ที่ไหน คะ

낭쓰– 컹 디찬 유– 티–나이 카

저의 책은 어디에 있습니까?

B หนังสือ ของ คุณ อยู่ บน โต๊ะ ครับ

낭쓰– 컹 쿤 유– 본 또 크랍

당신의 책은 탁자 위에 있습니다.

- โต๊ะ 또
  탁자

2. 지역 위치

A กรุงเทพ อยู่ ที่ไหน ครับ

끄룽텝– 유– 티–나이 크랍

방콕은 어디에 있습니까?

B กรุงเทพ อยู่ ที่ ภาคกลาง ใน

끄룽텝– 유– 티– 팍–끌랑– 나이

ประเทศไทย ค่ะ

쁘라텟–타이 카

방콕은 태국 내 중부에 있습니다.

- กรุงเทพ 끄룽텝–
  방콕
- ใน 나이
  ~안, ~에서(장소 앞에 쓰는
  전치사)

1. 비교급 กว่า 꽈- / 최상급 ที่สุด 티-쑷

1) 비교급 กว่า 꽈-

A ~ กว่า B : A가 B보다 ~하다

예 เขา สูง **กว่า** ผม 카오 쑹- 꽈- 폼 그는 나보다 크다.

2) 최상급 ที่สุด 티-쑷

문장(동사) 끝에 위치하여 '가장, 최고'의 의미로 쓰입니다.

예 เขา สูง **ที่สุด** 카오 쑹- 티-쑷 그는 가장 크다.

▶ สูง 쑹- (키가) 크다, 높다

2. 멀다 ไกล 끌라이 / 가깝다 ใกล้ 끌라이

두 단어의 한국어 음가가 같으므로 발음할 때 성조 발음을 분명히 해야 합니다. '멀다 ไกล'는 평성으로 발음하고, '가깝다 ใกล้'는 2성으로 발음합니다.

3. ๆ : 두 번 발음하기

ๆ [마이야목]이 단어의 오른쪽에 위치하는 경우, 그 단어를 2번 발음합니다. 이때 ๆ가 위치한 단어는 강조(동사/형용사) 또는 복수형(명사)으로 바뀌는데, 두 번째 발음을 더 길게 합니다.

예 เพื่อนๆ 프-언프-언 친구들(복수형)   ใกล้ๆ 끌라이끌라이 가깝다(강조)

4. 접속사 กับ [깝] : ~와(과)

예 ผม เรียน ภาษาไทย **กับ** เพื่อน 나는 친구와 태국어 공부를 한다.
폼 리-얀 파-싸-타이 깝 프-언

5. 전치사 ใน [나이] : ~안에, ~에

장소 앞(~안에) 또는 시간 앞에 쓰는 전치사로, 생략이 가능합니다.

예 เรา ไป (ที่) โรงเรียน (ใน) วันนี้ 우리는 오늘 학교에 간다.
라오 빠이 (티-) 롱-리-얀 (나이) 완니-

■ 날씨, 계절

A วันนี้ อากาศ เป็นอย่างไร บ้าง ครับ
완니– 아–깟– 뻰양–라이 방– 크랍

B วันนี้ อากาศ ร้อน ค่ะ
완니– 아–깟– 런– 카

A วันนี้ อุณหภูมิ กี่ องศา ครับ
완니– 운나하품– 끼– 옹싸– 크랍

B วันนี้ อุณหภูมิ 30 องศา ค่ะ
완니– 운나하품– 쌈–씹 옹싸– 카

A ประเทศเกาหลี มี กี่ ฤดู ครับ
쁘라텟–까올리– 미– 끼– 르두– 크랍

B มี 4 ฤดู ค่ะ ฤดูใบไม้ผลิ ฤดูร้อน
미– 씨– 르두 카 르두–바이마이플리 르두–런–

ฤดูใบไม้ร่วง และ ฤดูหนาว ค่ะ
르두–바이마이루–엉 래 르두–나–우 카

ดิฉัน ชอบ ฤดูร้อน ที่สุด ค่ะ
디찬 첩– 르두–런– 티–쑷 카

단어 목록:
- **อากาศ** 아–깟– 날씨, 공기, 대기
- **เป็นอย่างไร** 뻰양–라이 어떻습니까?(의문사)
- **ร้อน** 런– 덥다, 뜨겁다
- **อุณหภูมิ** 운나하품– 기온, 온도
- **องศา** 옹싸– ~도
- **ฤดู** 르두– 계절, 계절을 세는 수량사
- **ที่สุด** 티–쑷 가장(최상급)

A 오늘 날씨는 어떻습니까?
B 오늘 날씨는 덥습니다.
A 오늘 기온은 몇 도입니까?
B 오늘 기온은 30도입니다.
A 한국은 몇 계절이 있습니까?
B 4계절이 있습니다.
　봄, 여름, 가을 그리고 겨울입니다.
　저는 여름을 가장 좋아합니다.

태국의 계절은 크게 여름, 우기, 겨울 이렇게 3계절로 나눕니다.

1) 여름 (ฤดูร้อน 르두-런-)

- 기간 : 3월~5월
- 평균 기온 : 33~38도
  4월이 가장 더우며 기온이 40도 이상
  으로 올라가기도 합니다.

2) 우기 (ฤดูฝน 르두-훤)

- 기간 : 6월~10월
- 평균 기온 : 30도
  8~9월에 집중적으로 비가 오며,
  7월에 일부 지역에 태풍이 불기도
  합니다.

3) 겨울 (ฤดูหนาว 르두-나우)

- 기간 : 11월~2월
- 평균 기온 : 18도
북부 산간 지역은 5~6도까지 내려
가기도 합니다.

태국 소개

- 공식 명칭 : The Kingdom of Thailand
- 면적 : 약 51만 4천㎢ (남한 면적의 약 5배)
- 인구 수 : 약 6천 8백만 명
- 도(짱왓) 수 : 77개 도
- 수도 : 방콕
- 언어 : 타이어(태국어)
- 주변 인접 국가 : 라오스, 캄보디아, 미얀마, 말레이시아
- 국기 : 뜨라이롱기
- 국화 : 라차프륵(Golden Shower Tree)
- 종교 : 국민의 약 95%가 불교신자
- 국가 : 플렝찻(The Thai National Anthem)

▲태국의 국화 라차프륵

▲태국의 국기 뜨라이롱기

นัดหมาย 낫마~이
약속

มี นัด
미 – 낫

약속이 있다

พบ
폽

만나다

ว่าง
왕–

한가하다

■ 추가 시간 표현

กลางคืน	끌랑–큰–	한밤(에)	กลางวัน	끌랑–완	한낮(에)
วันธรรมดา	완탐마다–	평일	วันหยุด	완윳	휴일
ตอน	떤–	~때	ตอนเช้า	떤–차오	아침에
ตอนบ่าย	떤–바–이	오후에	ตอนเย็น	떤–옌	저녁에
เมื่อก่อน	므–어껀–	전에	ภายหลัง	파–이랑	나중에

문형 익히기

주황색으로 표시된 부분을 바꾸어 활용해 보세요.

A วันนี้ คุณ ว่าง ไหม คะ
완니– 쿤 왕– 마이 카

오늘 당신은 한가합니까?

B ว่าง ครับ / ไม่ ว่าง ครับ
왕– 크랍 마이 왕– 크랍

한가합니다. / 한가하지 않습니다.

2. 약속 잡기

A พรุ่งนี้ คุณ มี นัด ไหม ครับ
프룽니– 쿤 미– 낫 마이 크랍

내일 당신은 약속이 있습니까?

B มี ค่ะ / ไม่ มี ค่ะ
미– 카 마이 미– 카

있습니다. / 없습니다.

ไปเที่ยว 빠이티여우

여행

ไปเที่ยว
빠이티여우

놀러가다

ต่างประเทศ
땅쁘라텟

외국

ภายในประเทศ
파이나이쁘라텟

국내

❶ 태국 여행 장소(지명)

ภูเก็ต	푸껫	푸켓	พัทยา	팟타야	파타야
อยุธยา	아유타야	아유타야	กรุงเทพ	끄룽텝	방콕

❷ 추가 여행 장소

ทะเล	탈레	바다	แม่น้ำ	매남	강
สวนสนุก	쑤언싸눅	놀이공원	สวนสัตว์	쑤언쌋	동물원
เกาะ	꺼	섬	ภูเขา	푸카오	산
ป่า	빠	숲	หุบเขา	훕카오	계곡

주황색으로 표시된 부분을 바꾸어 활용해 보세요.

1. 태국 여행 경험

A คุณ เคย ไปเที่ยว (ที่) **ประเทศไทย**
쿤　　크ㅓ-이　빠-이티-여우　(티-)　쁘라텟-타이

ไหม คะ
마이　　카

당신은 태국에 놀러가 본 적이 있습니까?

B เคย ไปเที่ยว ครับ / ไม่ เคย ไปเที่ยว ครับ
크ㅓ-이　빠-이티-여우　크랍　　마이　크ㅓ-이　빠-이티-여우　크랍

놀러가 본 적이 있습니다. / 놀러가 본 적이 없습니다.

- เคย 크ㅓ-이
  ~한 적이 있다(경험 조동사)

2. 여행 경험 묻기

A คุณ เคย ไป ที่นั่น กับ ใคร ครับ
쿤　　크ㅓ-이　빠이　티-난　깝　크라이　크랍

당신은 그곳에 누구와 가 보았습니까?

B ดิฉัน เคย ไป ที่นั่น กับ **เพื่อนๆ** ค่ะ
디찬　　크ㅓ-이　빠이　티-난　깝　프ㅓ언프ㅓ언　카

저는 그곳에 친구들과 가 보았습니다.

- ที่นั่น 티-난
  그곳
- เพื่อน ๆ 프ㅓ언프ㅓ언
  친구들
- ใคร 크라이
  누구(의문사)

สถานที่ท่องเที่ยว 싸탄-티-텅-티-여우
관광지

สถานที่
싸탄-티-

장소

ประทับใจ
쁘라탑짜이

인상 깊다

โบราณสถาน
보-란-싸탄-

유적지

---

❶ 관광지

태국어	발음	뜻	태국어	발음	뜻
ถนนข้าวสาร	타논카-우싼-	카오산로드	วัดพระแก้ว	왓프라깨-우	프라깨우 사원
ตลาดน้ำ	딸랏-남	수상시장	พระราชวัง	프라라-차왕	왕궁
โชว์	초-	쇼	ทะเล	탈레-	바다
พิพิธภัณฑ์	피핏타판	박물관	สวนสาธารณะ	쑤-언싸-타-라나	공원
น้ำตก	남똑	폭포	มวยไทย	무-어이타이	무에타이

❷ 관광지에서 느낀 점

태국어	발음	뜻	태국어	발음	뜻
ทะเล(ที่)สวย	탈레-(티)-쑤-어이	예쁜 바다	ภูเขา(ที่)สูง	푸-카오(티)-쑹-	높은 산
บริการ(ที่)ดี	버리깐-(티)-디-	좋은 서비스	อากาศ(ที่)ดี	아-깟-(티)-디-	좋은 날씨
ทิวทัศน์(ที่)สวยงาม	티우탓(티)-쑤-어이응암	아름다운 경치	บรรยากาศ(ที่)ดี	반야-깟-(티)-디-	좋은 분위기

문형 익히기

주황색으로 표시된 부분을 바꾸어 활용해 보세요.

1. 인상 깊은 관광지

A คุณ ประทับใจ สถานที่ท่องเที่ยว
쿤　　쁘라탑짜이　　싸탄–티–텅–티–여우

อะไร ที่สุด คะ
아라이　티–쑷　카

당신은 무슨 관광지가 가장 인상 깊습니까?

B ผม ประทับใจ วัดพระแก้ว ที่สุด ครับ
폼　　쁘라탑짜이　　왓프라깨–우　　티–쑷　크랍

저는 왓프라깨우가 가장 인상 깊습니다.

2. 관광지에서 느낀 점

A ตลาดน้ำ เป็นอย่างไร บ้าง ครับ
딸랏–남　　뻰양–라이　　방–　크랍

수상시장은 어떻습니까?

B มี อาหาร (ที่) อร่อย มาก ค่ะ
미–　아–한–　(티–)　아러–이　막–　카

맛있는 음식이 많이 있습니다.

- ที่สุด 티–쑷
  가장(최상급)
- ที่ 티–
  관계대명사

- มาก 막–
  매우, 아주, 너무

จราจร

교통

รถยนต์
롯욘
자동차

รถเมล์
롯메-
버스

รถไฟ
롯화이
기차

เครื่องบิน
크르-엉빈
비행기

---

❶ 교통 수단

ตุ๊กๆ 뚝뚝	뚝뚝(삼륜차)	**เรือ** 르-어	배
รถไฟใต้ดิน 롯화이따이딘	지하철	**แท็กซี่** 택씨-	택시
รถจักรยานยนต์ 롯짝끄라얀-욘	오토바이	**รถไฟฟ้า(BTS)** 롯화이화	지상 전철

❷ 관련 단어

ขึ้น 큰	타다, 오르다	**นั่ง** 낭	타다, 앉다
ลง(จาก) 롱(짝-)	(~로부터) 내리다	**ถนน** 타논	길, 도로
ทางด่วน 탕-두-언	고속도로	**สะพาน** 싸판-	다리
ป้ายรถเมล์ 빠-이롯메-	버스정류장	**สถานี** 싸타-니-	(기차, 지하철)역
สถานีขนส่ง 싸타-니-콘쏭	터미널	**สี่แยก** 씨-액-	사거리
เลี้ยว 리-여우	돌다, 회전하다	**ตรงไป** 뜨롱빠이	직진하다
เลี้ยวขวา 리-여우콰-	오른쪽으로 돌다	**เลี้ยวซ้าย** 리-여우싸-이	왼쪽으로 돌다

문형 익히기

주황색으로 표시된 부분을 바꾸어 활용해 보세요.

1. 가는 방법

A คุณ ไป (ที่) บริษัท อย่างไร คะ
쿤　빠이　(티-)　버리쌋　양-라이　카

당신은 회사에 어떻게 갑니까?

B ไป โดย รถไฟใต้ดิน ครับ
빠이　도-이　롯화이따이딘　크랍

지하철로 갑니다.

2. 소요 시간

A จาก กรุงโซล ถึง เมืองปูซาน ใช้เวลา
짝-　끄룽쏜-　틍　므-엉뿌-싼-　차이웰-라-

เท่าไร ครับ
타오라이　크랍

서울에서 부산까지 시간이 얼마나 걸립니까?

B ถ้า ขึ้น รถไฟ ใช้เวลา ประมาณ 5
타-　큰　롯화이　차이웰-라-　쁘라만-　하-

ชั่วโมง ค่ะ
추-어몽-　카

만약 기차를 타면 약 5시간 걸립니다.

- **โดย** 도-이
  ~로

- **จาก** 짝-
  ~로부터
- **ถึง** 틍
  ~까지
- **ถ้า** 타-
  만약, 만약 ~라면
- **ประมาณ** 쁘라만-
  대략, 약

1. 타다/내리다

1) 타다 นั่ง [낭] + 교통수단

นั่ง [낭]은 '앉다'라는 뜻의 동사이지만, นั่ง [낭] 다음에 탈것이나 교통수단을 나타내는 단어가 오면 '타다'의 의미가 됩니다. 비슷한 뜻의 단어로는 '오르다, 타다'라는 뜻의 ขึ้น [큰]이 있습니다.

> 예 นั่ง(또는 ขึ้น) รถไฟ 낭(큰) 롯화이   기차를 타다.

자전거, 오토바이 등을 타는 것은 ขี่ [키–]라고 합니다.

2) 내리다

'내리다'라는 의미의 동사는 ลง [롱]입니다.

> 예 ลง รถเมล์ 롱 롯메–   버스를 내리다.

작은 배를 탈 때는 반대로 '타다'는 ลง [롱]을, '내리다'는 ขึ้น [큰]을 사용합니다.

2. 한가하다, 시간이 되다, 비다 ว่าง [왕–]

비슷한 표현으로 'มี เวลาว่าง (미– 웰–라–왕– 한가한 시간이 있다)'가 있습니다.

3. 상대방의 의사, 동의 묻기

문장 끝에 ดีไหม(디–마이 좋습니까?) 또는 เป็นอย่างไร(뺀양–라이 어떻습니까?)를 붙여 상대방의 의사를 묻습니다. 대답은 ดี(디– 좋아요), ไม่ดี(마이디– 좋지 않아요)로 합니다.

4. 경험 조동사 เคย [크ㅓ–이] : ~한 적이 있다

경험 조동사 เคย [크ㅓ–이]는 동사 앞에 위치합니다. 부정은 เคย [크ㅓ–이] 앞에 부정사 ไม่ [마이]를 붙인 ไม่เคย [마이크ㅓ–이]이며, '아직'을 뜻하는 ยัง [양]을 앞에 붙이면 ยังไม่เคย(양마이크ㅓ–이 아직 ~한 적이 없다)가 됩니다.

> 예 ผม เคย ไป (ที่) ประเทศไทย   나는 태국에 가 본 적이 있다.
> 폼 크ㅓ–이 빠이 (티–) 쁘라텟–타이

■ 태국 여행 경험

A คุณ เคย ไปเที่ยว (ที่) ประเทศไทย ไหม ครับ
쿤　크ㅓ–이　빠–이티–여우　(티–)　쁘라텟–타–이　마–이　크랍

B ไม่ เคย ไปเที่ยว ค่ะ
마–이　크ㅓ–이　빠–이티–여우　카

คุณ เคย ไปเที่ยว (ที่) ประเทศไทย ไหม คะ
쿤　크ㅓ–이　빠–이티–여우　(티–)　쁘라텟–타–이　마–이　카

A เคย ไปเที่ยว ครับ
크ㅓ–이　빠–이티–여우　크랍

B คุณ เคย ไป ที่นั่น กับ ใคร คะ
쿤　크ㅓ–이　빠–이　티–난　깝　크라이　카

A ผม เคย ไป ที่นั่น กับ เพื่อนๆ ครับ
폼　크ㅓ–이　빠–이　티–난　깝　프–언프–언　크랍

B ประเทศไทย เป็นอย่างไร บ้าง คะ
쁘라텟–타–이　뻰양–라이　방–　카

A มี อาหาร (ที่) อร่อย มาก ครับ
미–　아–한–　(티–)　아러–이　막–　크랍

- **เคย** 크ㅓ–이
  ~한 적이 있다(경험 조동사)
- **ไปเที่ยว** 빠–이티–여우
  놀러가다
- **ที่นั่น** 티–난
  그곳
- **กับ** 깝
  ~와(접속사)
- **เพื่อนๆ** 프–언프–언
  친구들
- **ที่** 티–
  관계대명사, (장소 앞의 전치사)~에, ~에서
- **อาหาร** 아–한–
  음식
- **อร่อย** 아러–이
  맛있다, 맛있는
- **มาก** 막–
  매우, 아주

해석

A 당신은 태국에 놀러가 본 적이 있습니까?
B 놀러가 본 적이 없습니다.
　당신은 태국에 놀러가 본 적이 있습니까?
A 놀러가 본 적이 있습니다.
B 당신은 그곳에 누구와 가 보았습니까?
A 저는 그곳에 친구들과 가 보았습니다.
B 태국은 어떻습니까?
A 맛있는 음식이 많이 있습니다.

태국의 교통

ตุ๊กๆ 뚝뚝 뚝뚝(삼륜차)

รถไฟฟ้า(BTS) 롯화이화- 지상 전철

แท็กซี่ 택씨- 택시

รถเมล์ 롯메- 버스

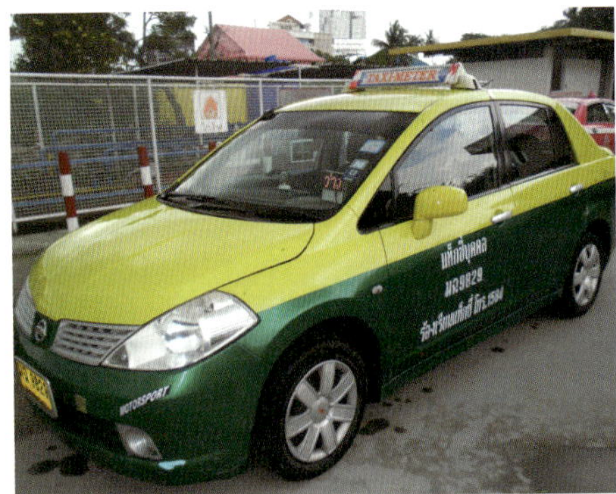

태국 방콕 내 관광지

วัดพระแก้ว 왓프라깨~우 프라깨우 사원   **ตลาดน้ำ** 딸랏~남 수상시장

ถนนข้าวสาร

타논카~우싼~

카오산로드

แม่น้ำเจ้าพระยา

매~남 짜오프라야~

짜오프라야 강

ร้านของที่ระลึก 란-컹-티-라럭

기념품 가게

단어 익히기

ซื้อ	ขาย	เจ้าของร้าน	ลูกค้า
쓰-	카-이	짜오컹-란-	룩-카-
사다, 구입하다	판매하다	가게 주인	고객

❶ 기념품, 물건

พวงกุญแจ	푸-엉꾼째-	열쇠고리	ตุ๊กตาช้าง	뚝까따-창-	코끼리 인형
กระเป๋า	끄라빠오	가방	กระเป๋าเงิน	끄라빠오응언-	지갑
พัด	팟	부채	ผ้าไหมไทย	파-마이타이	태국 실크
ปากกา	빡-까-	볼펜	ของที่ระลึก	컹-티-라럭	기념품
แหวน	왠-	반지	สร้อยคอ	써-이커-	목걸이

❷ 화폐단위

บาท	밧-	밧화	วอน	원-	원화
ดอลล่าร์	덜-라-	달러화	เยน	옌-	엔화

문형 익히기

주황색으로 표시된 부분을 바꾸어 활용해 보세요.

1. 물건 사기

A คุณ ต้องการ ซื้อ อะไร คะ
쿤　뗑–깐–　쓰–　아라이　카

당신은 무엇을 사고 싶습니까?

B ต้องการ ซื้อ ตุ๊กตาช้าง ครับ
뗑–깐–　쓰–　뚝까따–창–　크랍

코끼리 인형을 사고 싶습니다.

- **ต้องการ** 뗑–깐–
  원하다, ~하고 싶다
- **ตุ๊กตา** 뚝까따–
  인형
- **ช้าง** 창–
  코끼리

2. 가격 묻기

A กระเป๋า นี้ ราคา เท่าไร ครับ
끄라빠오　니–　라–카–　타오라이　크랍

이 가방은 가격이 얼마입니까?

B 500 บาท ค่ะ
하–　러–이 밧–　카

500밧입니다.

- **นี้** 니–
  이, 이것
- **ราคา** 라–카–
  가격

ร้านขายเสื้อผ้า 란−카̌−이쓰−̂어파̌−

옷 가게

단어 익히기

เสื้อผ้า 쓰−̂어파̌−
옷

กางเกง 깡−껭−
바지

กระโปรง 끄라쁘롱−
치마

รองเท้า 렁−타́오
신발

❶ 의복, 신발

กางเกงขายาว	깡−껭−카−야̌−우	긴바지	กางเกงขาสั้น	깡−껭−카̌−싼	반바지
เสื้อแขนยาว	쓰−̂어캔−야̌−우	긴팔 윗도리	เสื้อแขนสั้น	쓰−̂어캔−싼	반팔 윗도리
กางเกงยีนส์	깡−껭−인−	청바지	เสื้อเชิ้ต	쓰−̂어츳̂−	셔츠
สูท	쑷̀−	양복, 정장	เสื้อโค้ท	쓰−̂어콧̂−	코트
รองเท้าส้นสูง	렁−타́오쏜쑹̌−	(하이힐)구두	รองเท้าผ้าใบ	렁−타́오파̌−바̄이	운동화

❷ 색깔

สีดำ	씨̌−담	검은색	สีขาว	씨̌−카̌−우	흰색
สีเหลือง	씨̌−르̀−엉	노란색	สีแดง	씨̌−댕−	빨간색
สีชมพู	씨̌−촘푸−	분홍색	สีเขียว	씨̌−키̌−여우	초록색
สีน้ำเงิน	씨̌−남응은̄−	남색	สีม่วง	씨̌−무̂−엉	보라색
สีน้ำตาล	씨̌−남딴−	갈색	สีฟ้า	씨̌−화́−	하늘색

주황색으로 표시된 부분을 바꾸어 활용해 보세요.

1. 색깔 묻기

A กางเกง แบบ นี้ มี สีดำ ไหม คะ
깡–껭–   뱁–   니– 미– 씨–담   마이   카
이 스타일의 바지는 검은색이 있습니까?

B มี ครับ / ไม่ มี ครับ
미– 크랍   마이 미– 크랍
있습니다. / 없습니다.

2. 가격 흥정

A ลด ได้ไหม ครับ
롯   다이마이   크랍
할인됩니까?

B ลด ได้ ค่ะ / ลด ไม่ได้ ค่ะ
롯   다이 카   롯   마이다이   카
할인됩니다. / 할인 안 됩니다.

- **ลด** 롯
  깎다, 할인하다
- **ได้ไหม** 다이마이
  ~할 수 있어요?, ~돼요?,
  ~가능해요?(의문사)
- **ได้** 다이
  할 수 있다, 되다, 가능하다
- **ไม่ได้** 마이다이
  안 되다

ร้านอาหารไทย 란–아–한–타–이
태국 음식점

단어 익히기

อาหารไทย
아–한–타–이
태국 음식

ต้มยำกุ้ง
똠얌꿍
똠얌꿍

เครื่องดื่ม
크르–엉듬–
음료수

ของหวาน
컹–완–
후식

❶ 음식

ข้าวผัด	카–우팟	볶음밥	ส้มตำ	쏨땀	태국 대표 생채
ผัดไทย	팟타–이	볶음국수	โค้ก	콕–	콜라
น้ำดื่ม	남듬–	생수	เบียร์	비–야	맥주
กาแฟ	까–퐈–	커피	ขนม	카놈	과자
ขนมปัง	카놈빵	빵	เค้ก	켁–	케이크

❷ 맛

รสชาติ	롯찻–	(음식) 맛	เปรี้ยว	쁘리–여우	시다
เค็ม	켐	짜다	หวาน	완–	달다
จืด	쯧–	싱겁다	ขม	콤	쓰다
เผ็ด	펫	맵다	อร่อย	아러–이	맛있다

문형 익히기

주황색으로 표시된 부분을 바꾸어 활용해 보세요.

1. 음식 주문

A จะ สั่ง อะไร คะ
짜 쌍 아라이 카
무엇을 주문하시겠습니까?

B ขอ ต้มยำกุ้ง และ ข้าวผัดไก่ หน่อย ครับ
커 쏨얌꿍 래 카우팟까이 너이 크랍
똠얌꿍 그리고 닭고기 볶음밥 좀 주세요.

- **สั่ง** 쌍
  주문하다
- **ขอ** 커
  ~주세요, ~해 주세요
- **หน่อย** 너이
  좀

2. 음식 맛

A อาหาร อร่อย ไหม ครับ
아한 아러이 마이 크랍
음식은 맛있습니까?

B อร่อย ค่ะ / ไม่ค่อย อร่อย ค่ะ
아러이 카 마이커이 아러이 카
맛있습니다. / 그다지 맛있지 않습니다.

- **อาหาร** 아한
  음식, 식사
- **อร่อย** 아러이
  맛있다
- **ไม่ค่อย** 마이커이
  그다지 ~하지 않다

28

ก๋วยเตี๋ยว 꾸—어이띠—여우
꾸어이띠여우 (쌀국수)

단어 익히기

เส้นเล็ก
쎈—렉
가는 면

เส้นใหญ่
쎈—야이
넓은 면

บะหมี่
바미—
(중국식) 국수 면

■ 국수에 들어가는 재료

หมู	무—	돼지, 돼지고기	เนื้อวัว	느—어우—어	소고기
เป็ด	뻿	오리, 오리고기	ปลา	쁠라—	생선, 물고기
ไก่	까이	닭, 닭고기	กุ้ง	꿍	새우
ปู	뿌—	게	ลูกชิ้น	룩—친	완자
ถั่วงอก	투—어응억—	콩나물	เกี๊ยว	끼—여우	(중국식) 만두

주황색으로 표시된 부분을 바꾸어 활용해 보세요.

1. 쌀국수 주문

A เอา ก๋วยเตี๋ยว อะไร คะ
아오　꾸-어이띠-여우　아라이　카

무슨 쌀국수로 하시겠습니까?

B เอา ก๋วยเตี๋ยวหมู ครับ
아오　꾸-어이띠-여우무-　　크랍

돼지고기 쌀국수로 하겠습니다.

- เอา 아오
  취하다, 가지다(take)

2. 면 고르기

A เอา เส้น อะไรดี ครับ
아오　쎈-　아라이디-　크랍

무슨 면으로 하는 것이 좋겠습니까?

B เอา เส้นเล็ก ค่ะ
아오　쎈-렉　　카

가는 면으로 하겠습니다.

- อะไรดี 아라이디-
  무엇이 좋겠어요?
- เส้น 쎈-
  면, 줄
- เล็ก 렉
  작다

ผลไม้ 폰라마이
과일

단어 익히기

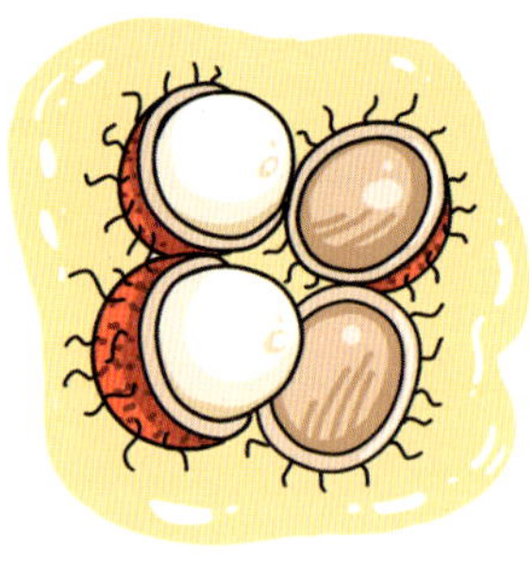

ทุเรียน
투리얀
투리얀

เงาะ
응어
람부탄

มะม่วง
마무엉
망고

❶ 과일

แตงโม	땡모	수박	องุ่น	아응운	포도
ส้ม	쏨	오렌지, 굴	สับปะรด	쌉빠롯	파인애플
กล้วย	끌루어이	바나나	กีวี	끼위	키위
สตรอว์เบอร์รี่	쓰뜨러브어리	딸기	แอปเปิ้ล	앱쁘어	사과

❷ 기타 추가 단어

ลูก	룩	과실, 과일의 수량사	ชิ้น	친	조각, 덩어리
ใบ	바이	잎, 잎사귀	ถุง	퉁	봉지
จาน	짠	접시	กิโล	낄로	킬로그램(kg)

주황색으로 표시된 부분을 바꾸어 활용해 보세요.

1. 과일 사기

A จะ ซื้อ ผลไม้ อะไรดี คะ
짜 쓰– 폰라마이 아라이디– 카

무슨 과일을 구입하시겠습니까?

B ขอ เงาะ 1 กิโล ครับ
커– 응어 능 낄로– 크랍

람부탄 1kg 주세요.

2. 과일 가격 묻기

A แตงโม ขาย อย่างไร ครับ
땡–모– 카–이 양–라이 크랍

수박은 어떻게 팝니까?

B แตงโม ชิ้น ละ 50 บาท ค่ะ
땡–모– 친 라 하–씹 밧– 카

수박 하나당 50밧입니다.

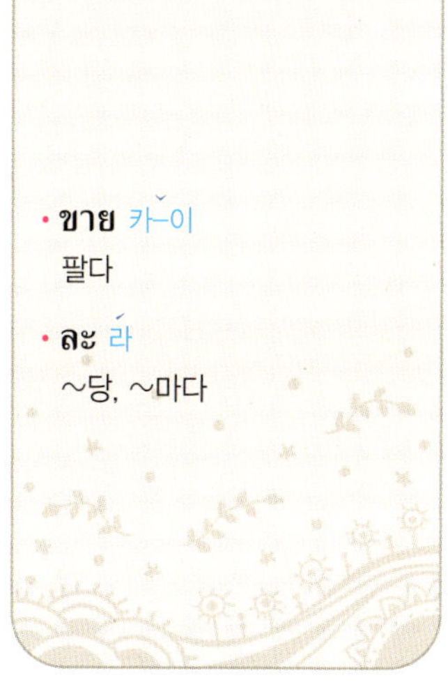

- **ขาย** 카–이
  팔다
- **ละ** 라
  ~당, ~마다

1. 원하다, ~하고 싶다 ต้องการ[떵-깐-] / อยาก[약-]

ต้องการ[떵-깐-]과 อยาก[약-]은 둘 다 동사로 '~하고 싶다, 원하다'라는 뜻이지만 어법상으로는 차이점이 있습니다. ต้องการ[떵-깐-] 다음에는 동사나 명사가 올 수 있지만, อยาก[약-] 다음에는 동사만 올 수 있습니다.

> 예 ผม **ต้องการ** ซื้อ กระเป๋า 폼 떵-깐- 쓰- 끄라빠오   나는 가방을 사고 싶다.
> ผม **ต้องการ** กระเป๋า 폼 떵-깐- 끄라빠오   나는 가방을 원한다.
> ผม **อยาก** ซื้อ กระเป๋า 폼 약- 쓰- 끄라빠오   나는 가방을 사고 싶다.
> ▶ **กระเป๋า** 끄라빠오 가방

미래나 의지의 의미를 강조하고 싶으면 ต้องการ[떵-깐-] / อยาก[약-] 다음에 จะ[짜]를 붙여서 ต้องการจะ[떵-깐-짜] / อยากจะ[약-짜]로 씁니다.

2. 지시형용사

นี่ 니- 이	นั่น 난 그	โน่น 논- 저

단어 뒤에 위치하는 경우, 성조는 3성으로 변합니다. นี้[니-] นั้น[난] โน้น[논-]

> 예 คน **นี้** 콘 니- 이 사람   ผู้หญิงคน **นั้น** 푸-잉콘 난 그 여자

3. 가능조동사 ได้[다이]

ได้ไหม[다이마이]는 '할 수 있어요?'라는 뜻의 의문사로, 문장[동사+(목적어)] 뒤에 위치합니다. 대답은 긍정이면, ได้(다이 할 수 있어요)를, 부정이면 부정사 ไม่[마이]를 ได้[다이] 앞에 붙인 ไม่ได้(마이다이 할 수 없어요)를 문장 끝에 붙여 말합니다. 간단하게 단답형으로 ได้(다이 할 수 있어요) 또는 ไม่ได้(마이다이 할 수 없어요)로 대답해도 무방합니다.

> 예 จาก บ้าน เดิน ไป ถึง บริษัท **ได้**   집에서 걸어서 회사까지 갈 수 있다.
> 짝- 반- 든ㅓ- 빠이 틍 버리쌋 다이
>
> ผม พูด ภาษาจีน **ไม่ได้** 폼 풋- 파-싸-찐- 마이다이   나는 중국어를 말할 줄 모른다.
> ▶ **เดิน** 든ㅓ- 걷다 / **เดิน ไป** 든ㅓ- 빠이 걸어가다 / **ถึง** 틍 ~까지

■ 태국 음식점에서

A　จะ สั่ง อะไร ครับ
　　짜̀ 쌍̀ 아̀라이̄ 크́랍

B　ขอ ต้มยำกุ้ง และ ก๋วยเตี๋ยว หน่อย ค่ะ
　　커̄– 똠얌꿍 래̂ 꾸̄–어이띠̄–여우 너̀–이 카̂

A　เอา ก๋วยเตี๋ยว อะไร ครับ
　　아̄오 꾸̄–어이띠̄–여우 아̀라이̄ 크́랍

B　เอา ก๋วยเตี๋ยวหมู ค่ะ
　　아̄오 꾸̄–어이띠̄–여우무̄– 카̂

A　เอา เส้น อะไรดี ครับ
　　아̄오 쎈̂– 아̀라이̄디̄– 크́랍

B　เอา เส้นเล็ก ค่ะ
　　아̄오 쎈̂–렉 카̂

A　อาหาร อร่อย ไหม ครับ
　　아̄–한̄– 아러̀–이 마́이 크́랍

B　อร่อย ค่ะ
　　아러̀–이 카̂

- **จะ** 짜̀
  미래 조동사
- **สั่ง** 쌍̀
  주문하다
- **ขอ** 커̄–
  ～주세요, ～해 주세요
- **หน่อย** 너̀–이
  좀
- **เอา** 아̄오
  취하다, 가지다(take)
- **อะไรดี** 아̀라이̄디̄–
  무엇이 좋겠어요?
- **เส้น** 쎈̂–
  면, 줄
- **เล็ก** 렉
  작다

A 무엇을 주문하시겠습니까?
B 똠얌꿍 그리고 쌀국수 좀 주세요.
A 무슨 쌀국수로 하시겠습니까?
B 돼지고기 쌀국수로 하겠습니다.
A 무슨 면으로 하는 것이 좋겠습니까?
B 가는 면으로 하겠습니다.
A 음식은 맛있습니까?
B 맛있습니다.

태국의 대표 향신료 – 팍치 ผักชี

▶팍치란?

'팍치'는 한국어로 '고수'라는 식물입니다. 한국 사람들이 음식에 고추나 고춧가루를 넣어 먹는 것을 좋아하듯이 태국 사람들은 팍치를 음식에 넣어 먹는 것을 좋아합니다. 처음 먹을 때는 그 특유의 향 때문에 먹기가 좀 힘들 수 있지만 그 맛에 익숙해지면 계속 먹게 됩니다.

▶팍치의 효능

국물에 팍치의 잎과 뿌리를 넣어 같이 끓이면 국물의 향과 맛이 좋아집니다. 팍치의 열매는 빻아서 매운 맛을 내는 조미료로도 사용합니다. 또한 팍치의 줄기는 고기의 누린내를 없애 줍니다. 이 외에도 팍치는 열, 기침 완화에 효능이 있을 뿐만 아니라 팍치를 먹으면 모기에 잘 물리지 않는다고 합니다.

태국 음식

ยำวุ้นเส้น
얌운쎈–

돼지고기, 해산물을 레몬, 간장, 태국 고추를 넣고 무친 우리나라 '당면'과 비슷한 형태의 음식.

ปลาทูย่าง
쁠라–투–양–

'쁠라투'는 고등어 종의 물고기로, 굽거나(쁠라–투–양–) 튀긴(쁠라–투–텃–) 음식.

ไข่ต้ม
카이똠

찐 계란. 일부 태국 사람들은 완전히 익히지 않은 찐 계란을 좋아한다.

ขนมปังหน้าหมู
카놈빵나–무–

식빵을 작은 조각으로 자른 뒤 그 위에 다진 돼지고기를 올리고 튀긴 음식.

ไก่ตุ๋น
까이뚠

물에 호박, 무 등의 채소와 닭고기를 넣어 끓인 음식.

ต้มจืดเต้าหู้
똠쯧–따오후–

태국 가정집에서 많이 하는 국으로, 오리알로 만든 두부를 넣는다.

ทะเลผัดฉ่า
탈레–팟차–

해산물에 태국 고추씨, 고추, 매운 향신료, 조미료 등을 넣고 볶은 매운 음식.

หนัง
^낭
영화

단어 익히기

ดู
두-
보다

โรงหนัง
롱-낭
영화관

ตั๋วหนัง
뚜-어낭
영화표

❶ 영화 종류

หนังตลก	낭딸록	코미디 영화	หนังผี 낭피-	공포 영화
หนังโรแมนติก	낭로-맨-띡	로맨틱 영화	หนังการ์ตูน 낭까-뚠-	만화 영화
หนังแอ็คชั่น	낭액찬	액션 영화	หนังวิทยาศาสตร์ 낭윗타야-쌋-	공상과학(SF) 영화

❷ 영화 관련 단어

ใบ	바이	~장(표를 세는 수량사)	ฉาย 차-이	상영하다
รอบ	럽-	(영화) ~회, 주기, 부	ที่นั่ง 티-낭	좌석

문형 익히기

주황색으로 표시된 부분을 바꾸어 활용해 보세요.

A คุณ ชอบ ดู หนัง แบบไหน คะ
쿤 첩– 두– 낭 뱁–나이 카
당신은 어떤 스타일의 영화를 좋아합니까?

B ผม ชอบ ดู หนังแอ็คชั่น ครับ
폼 첩– 두– 낭액찬 크랍
저는 액션 영화를 좋아합니다.

2. 영화 상영 시간

A วันนี้ หนัง เรื่อง ต้มยำกุ้ง มี กี่ รอบ ครับ
완니– 낭 르–엉 똠얌꿍 미– 끼– 럽– 크랍
오늘 '똠양꿍' 영화는 몇 회 있습니까?

B 2 รอบ ค่ะ 11 โมงเช้า และ บ่าย 3 โมง ค่ะ
썽– 럽– 카 씹엣 몽–차오 래 바–이 쌈– 몽– 카
2회입니다. 오전 11시와 오후 3시입니다.

• เรื่อง 르–엉
(영화의) 수량사, 이야기, 사
건, 일

สถานีรถไฟ _{싸타-니-롯화이}
기차역

สถานี
싸타-니-

(기차)역

ช่องขายตั๋ว
청-카-이뚜-어

매표소

ตั๋ว
뚜-어

표

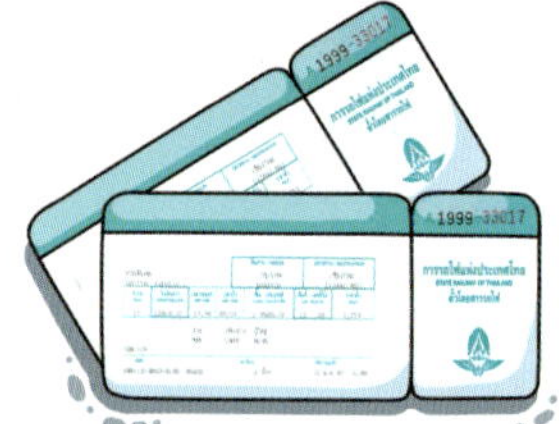

■ 기차 관련 단어

รถไฟธรรมดา	롯화이탐마다-	일반열차	รถไฟพิเศษ 롯화이피쎗-	특급열차
รถไฟด่วนพิเศษ	롯화이두-언피쎗-	특급급행열차	ชั้น + (숫자) 찬	(숫자) 등급
ขบวน	카부-언	열차의 대열	ที่นั่ง 티-낭	좌석
ชานชาลา	찬찰-라-	플랫폼	ออก 억-	나가다, 출발하다
ถึง	틍	도착하다, ~까지	ตารางเวลารถไฟ 따-랑-웰-라-롯화이	기차 시간표

주황색으로 표시된 부분을 바꾸어 활용해 보세요.

1. 기차표 사기

A ขอ ตั๋ว ไป เชียงใหม่ 3 ใบ ค่ะ
커– 뚜–어 빠이 치–양마이 쌈– 바이 카
치양마이에 가는 표 3장 주세요.

B นี่ ครับ ตั๋ว 3 ใบ
니– 크랍 뚜–어 쌈– 바–이
표 3장 여기 있습니다.

2. 기차

A รถไฟ ออก กี่ โมง ครับ
롯화이 억– 끼– 몽– 크랍
기차는 몇 시에 출발합니까?

B ออก บ่าย 1 โมง ค่ะ
억– 바–이 능 몽– 카
오후 1시에 출발합니다.

โทรศัพท์ 토–라쌉
전화

ฮัลโหล 여보세요
할로–

โทรศัพท์ 전화
토–라쌉

ข้อความ 메시지, 문자
커–쾀–

❶ 전화 관련 단어

หมายเลขโทรศัพท์ 마–이렉–토–라쌉		전화번호
รหัสจังหวัด 라핫짱왓		지역번호
รหัสประเทศ 라핫쁘라텟–		국가번호
มือถือสมาร์ทโฟน 므–트–싸맛–혼–		스마트폰
โทรภายในประเทศ 토–파–이나이쁘라텟–		국내전화
โทรระหว่างประเทศ 토–라왕–쁘라텟–		국제전화
โทรศัพท์มือถือ 토–라쌉므–트–		핸드폰
โทรศัพท์สาธารณะ 토–라쌉싸–타–라나		공중전화

❷ 전화 관련 표현

โทรผิด 토–핏		전화를 잘못 걸다
ถือสาย 트–싸–이		수화기를 들고 기다리다
โทรใหม่ 토–마이		다시 전화하다
ฝากข้อความ 확–커–쾀–		메시지를 전하다

문형 익히기

주황색으로 표시된 부분을 바꾸어 활용해 보세요.

1. 수신자 확인

A ฮัลโหล **บริษัทชอนจิน** ใช่ไหม คะ

할로- 버리싿천-찐 차이마이 카

여보세요, 정진 회사이지요?

B ใช่ ครับ / ไม่ใช่ ครับ

차이 크랍 마이차이 크랍

그렇습니다. / 아닙니다.

- **ไม่ใช่** 마이차이
  아니요, 그렇지 않아요.
- **พูด** 풋-
  말하다

2. 통화 상대 요청

A ขอ พูด กับ **คุณเทพ** หน่อย ครับ

커- 풋- 깝 쿤텝- 너-이 크랍

텝 씨와 통화 좀 하려고 합니다.

B กรุณา รอ สักครู่ นะ คะ

까루나- 러- 싹크루- 나 카

잠시만 기다리십시오.

- **กรุณา** 까루나-
  ~해 주세요
- **รอ** 러-
  기다리다
- **สักครู่** 싹크루-
  잠시
- **นะ** 나
  (문장 끝에 붙어) 애원, 동의,
  의지를 나타내는 말

โรงแรม 롱–람–
호텔

단어 익히기

ห้องพัก
헝–팍
숙소

ลิมูซีน
리무–씬–
리무진

กุญแจ
꾼째–
열쇠

---

❶ 숙소, 방 종류

เกสท์เฮ้าส์ 껫–하오	게스트 하우스	รีสอร์ท 리–썻–	리조트
ห้องพักเตียงคู่ 헝–팍띠–양쿠–	트윈룸	ห้องพักเตียงเดี่ยว 헝–팍띠–양디–여우	싱글룸
ห้องสวีทรูม 헝–쓰윗–룸–	스위트룸	ห้องสูท 헝–쑷–	스위트룸

❷ 호텔 시설

สระว่ายน้ำ 싸와–이남	수영장	ห้องออกกำลังกาย 헝–억–깜랑까–이	헬스장
สปา 싸빠–	스파	เตียง 띠–양	침대
ผ้าห่ม 파–홈	이불	หมอน 먼–	베개
ตู้เซฟ 뚜–쎕–	금고	รองเท้าแตะ 렁–타오때	슬리퍼
ชุดคลุมอาบน้ำ 춧클룸압–남	목욕가운	ล็อบบี้ 럽비–	로비
ชั้น ที่ + (숫자) 찬 티–	(숫자) 층	หมายเลขห้อง 마–이렉–헝–	방 번호

문형 익히기

주황색으로 표시된 부분을 바꾸어 활용해 보세요.

---

1. 투숙 기간

A คุณ จะ พัก กี่ วัน คะ
쿤 짜 팍 끼- 완 카

당신은 며칠 묶을 것입니까?

B 3คืน 4วัน ครับ ตั้งแต่ วันที่ 10 ถึง
쌈-큰 씨-완 크랍 땅때- 완티- 씹 틍

วันที่ 12 ครับ
완티- 씹썽- 크랍

3박 4일입니다. 10일부터 12일까지입니다.

- **พัก** 팍
  쉬다, 머물다
- **คืน** 큰-
  밤, 야간
- **ตั้งแต่** 땅때-
  ~부터(시간, 순서)

2. 룸 스타일

A คุณ ต้องการ ห้อง แบบไหน ครับ
쿤 떵-깐- 헝- 뱁-나이 크랍

당신은 어떤 스타일의 방을 원하십니까?

B ต้องการ ห้องพักเตียงเดี่ยว ค่ะ
떵-깐- 헝-팍띠-양디-여우 카

싱글룸을 원합니다.

- **แบบ** 뱁-
  형식, 스타일
- **ไหน** 나이
  어느(의문사)
- **เตียงเดี่ยว**
  띠-양디-여우
  싱글침대

34

ตั๋วเครื่องบิน 뚜̌어크-르엉빈

비행기 표

단어 익히기

สนามบิน
싸남̌-빈

공항

สายการบิน
싸̌이깐-빈

항공노선

พาสปอร์ต
파쓰-뻿-

여권(passport)

■ 비행기표 관련 단어

ตั๋วเที่ยวเดียว	뚜̌어티-̂여우디-여우	편도표
ตั๋วไปกลับ	뚜̌어빠이끌랍	왕복표
ชั้นประหยัด	찬쁘라얏	이코노미석
ชั้นธุรกิจ	찬투라낏	비즈니스석
ชั้นหนึ่ง	찬능	일등석
ร้านปลอดภาษี	란-쁠럿-파-씨̌-	면세점
สินค้าปลอดภาษี	씬카-쁠럿-파-씨̌-	면세품
ศุลกากร	쑨라까-껀-	세관
ประกันภัยการเดินทาง	쁘라깐파이깐-든ㅓ-탕-	여행 안전 보험
ตั๋วอิเล็กทรอนิกส์	뚜̌어일렉트러-닉	전자표

문형 익히기

주황색으로 표시된 부분을 바꾸어 활용해 보세요.

1. 비행기표 예약 ①

A จอง ตั๋ว ไป ที่ไหน คะ
쯩– 뚜ˇ어 빠이 티–나ˇ이 카ˇ

어디로 가는 표를 예약하시겠습니까?

B จอง ตั๋ว ไป ประเทศจีน ครับ
쯩– 뚜ˇ어 빠이 쁘라텟–찐– 크랍ˊ

중국에 가는 표를 예약하겠습니다.

2. 비행기표 예약 ②

A คุณ ต้องการ จอง ตั๋วไปกลับ หรือ
쿤 떵–깐– 쯩– 뚜ˇ어빠이끌랍 르–

ตั๋วเที่ยวเดียว ครับ
뚜ˇ어티–여우디–여우 크랍ˊ

당신은 왕복표를 예약하길 원하십니까, 편도표를 예약하길 원하십니까?

B ตั๋วไปกลับ ค่ะ
뚜ˇ어빠이끌랍 카ˋ

왕복표입니다.

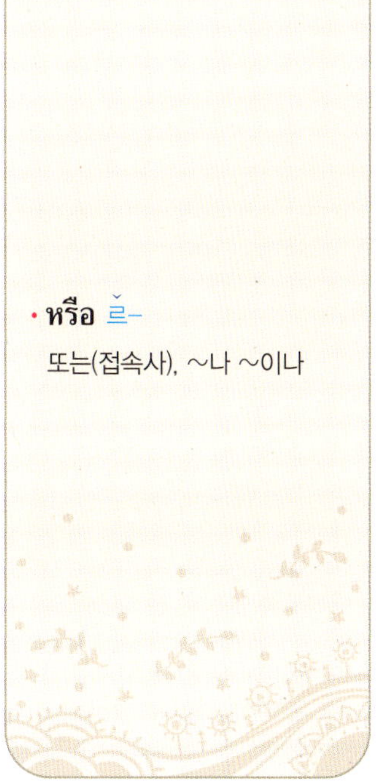

1. 시간, 순서 (~부터 ~까지)

ตั้งแต่ [땅때-] + (　　) + ถึง [틍] + (　　)

'ตั้งแต่(땅때- 부터) ~ ถึง(틍 까지) ~'는 시간의 시작 시점과 끝나는 시점을 표현할 때 씁니다.
ถึง(틍 까지) 대신 จนถึง(쫀틍 까지)을 써도 됩니다.

例 ผม อยู่ ที่ ประเทศไทย ตั้งแต่ อาทิตย์นี้ จนถึง อาทิตย์หน้า
　　폼 유- 티- 쁘라텟-타이 땅때- 아-팃니- 쫀틍 아-팃나-
　　나는 이번주부터 다음주까지 태국에 있는다.

2. 장소 (~부터 ~까지)

จาก [짝-] + 장소 + ถึง [틍] + 장소

'จาก(짝- 부터) ~ ถึง(틍 까지) ~'는 장소의 시작 지점과 도착 지점을 표현할 때 씁니다.

例 จาก กรุงโซล ถึง เมืองอินชอน
　　짝- 끄룽쏜- 틍 므-엉인천-
　　서울에서(부터) 인천까지

3. 관계대명사 ที่ [티-]

A ที่ B (B가 A를 꾸며 준다.)

관계대명사는 ที่ [티-]는 문장에 따라 생략이 가능합니다.

例 หนัง ที่ ฉัน ชอบ
　　낭 티- 찬 첩-
　　내가 좋아하는 영화

회화 익히기

■ 호텔 예약하기

A ฮัลโหล โรงแรมชองจีน ใช่ไหม ครับ
할로– 롱–램–청–찐– 차이마이 크랍

B ใช่ ค่ะ
차이 카

A ผม ต้องการ จอง ห้องพัก ครับ
폼 떵–깐– 쩡– 헝–팍 크랍

B คุณ ต้องการ ห้อง แบบไหน คะ
쿤 떵–깐– 헝– 뱁–나이 카

A ต้องการ ห้องพักเตียงเดี่ยว ครับ
떵–깐– 헝–팍띠–양디–여우 크랍

B จะ พัก กี่ วัน คะ
짜 팍 끼–완 카

A 3คืน 4วัน ครับ ตั้งแต่ วันที่ 10 ถึง
쌈–큰– 씨–완 크랍 땅때– 완티– 씹 틍–

วันที่ 12 ครับ
완티– 씹썽– 크랍

단어

• **ใช่ไหม** 차이마이
~맞지요?, 그렇지요? (확인하는 의문사)

• **ต้องการ** 떵–깐–
원하다

• **จอง** 쩡–
예약하다

• **ห้องพัก** 헝–팍
숙소

• **เตียงเดี่ยว** 띠–양디–여우
싱글침대

• **พัก** 팍
쉬다, 머물다

• **คืน** 큰–
밤, 야간

• **ตั้งแต่** 땅때–
~부터(시간, 순서)

해석

A 여보세요, 정진 호텔이지요?
B 그렇습니다.
A 저는 숙소를 예약하고 싶습니다.
B 당신은 어떤 스타일의 방을 원하십니까?
A 싱글룸을 원합니다.
B 며칠 묶을 것입니까?
A 3박 4일입니다. 10일부터 12일입니다.

태국 대표 공항

▶쑤완나품 공항 สนามบินสุวรรณภูมิ

쑤완나품 공항은 수도 방콕에 위치한 태국의 대표적인 공항입니다.

국제선을 타고 쑤완나품 공항에 도착하면 공항 건물 2층에서 내리게 됩니다. 비행기에서 내린 뒤에는 바로 입국심사(Passport Control ตรวจหนังสือเดินทาง)를 하고, 컨테이어 벨트(Baggage Handing Area) 6-23번에서 짐을 받습니다. 짐을 찾은 후, 세관심사(CUSTOMS ศุลกากร)를 통과하고 나서 공항 로비로 나옵니다. 이때 택시를 타려면 공항 1층으로, 공항철도를 이용하려면 지하 1층으로 가면 됩니다.

국내선도 국제선과 마찬가지로 2층에서 내리며, 입국심사를 통과한 뒤, 컨테이어 벨트 1-5번에서 짐을 받습니다. 그리고 나서 공항 로비로 나갑니다.

*쑤완나품 공항 사이트 주소 : http://www.suvarnabhumiairport.com

외국인용 카운터

태국 공항에서는 입국심사를 외국인과 내국인(태국인)을 별도로 합니다. 그러므로 외국인용 카운터(FOREIGN PASSPORT)인지 태국인용 카운터(THAI PASSPORT)인지 잘 보고 줄을 서야 합니다.

◀태국인용 카운터(THAI PASSPORT)

ธนาคาร 타나-칸-
은행

เงิน 돈
응은ㅓ-

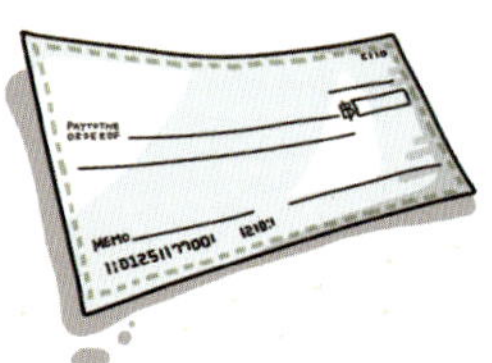

เช็ค 수표
첵

ฝากเงิน 예금하다
확-응은ㅓ-

ถอนเงิน 예금을 찾다
턴-응은ㅓ-

■ 관련 단어

พนักงานธนาคาร	파낙응안-타나-칸-	은행 직원	**สมุดบัญชี**	싸뭇반치-	통장
หมายเลขบัญชี	마-이렉-반치-	계좌번호	**บัตร ATM**	밧 ATM	ATM 카드
บัตรเครดิต	밧-크레-딧	신용카드	**แลก(เงิน)**	랙-(응은ㅓ-)	환전하다
อัตราแลกเงิน	앗뜨라-랙-응은ㅓ-	환율	**โอนเงิน**	온-응은ㅓ-	이체하다
เช็คเดินทาง	첵든ㅓ-탕-	여행자수표	**เงินสด**	응은ㅓ-쏫	현금
ธนบัตร	타나밧	지폐	**เหรียญ**	리-얀	동전

문형 익히기

주황색으로 표시된 부분을 바꾸어 활용해 보세요.

1. 은행 방문

A ดิฉัน มา เปิด บัญชีธนาคาร ค่ะ
디찬 마 쁫ㅓ 반치–타나–칸– 카
저는 은행계좌를 개설하러 왔습니다.

B กรุณา กรอก ใน แบบฟอร์ม นี้ หน่อย ครับ
까루나– 끄럭– 나이 뱁–훰– 니– 너`이 크`랍
이 서식에 기입 좀 해주세요.

2. 환전

A ขอ แลก เงินดอลล่าร์ เป็น เงินไทย
커– 랙– 응언ㅓ–던–라– 뻰 응언ㅓ–타이
หน่อย ครับ
너`이 크`랍
달러화를 밧화로 환전해 주세요.

B เชิญ ช่อง ที่ 5 ค่ะ
츤ㅓ– 청– 티–하– 카
5번 창구로 가십시오.

- **เปิด** 쁫ㅓ–
  열다, 개설하다
- **บัญชี** 반치–
  계좌, 회계
- **บัญชีธนาคาร**
  반치–타나–칸–
  은행계좌
- **กรอก** 끄럭–
  기입하다
- **แบบฟอร์ม** 뱁–훰–
  서식
- **เชิญ** 츤ㅓ–
  please, ～하십시오, 초대하
  다

โรงพยาบาล 롱–파야–반–
병원

หมอ
머–
의사

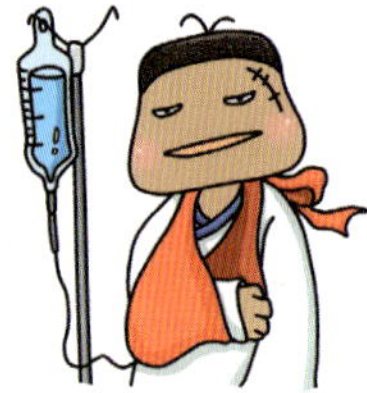

คนไข้
콘카이
환자

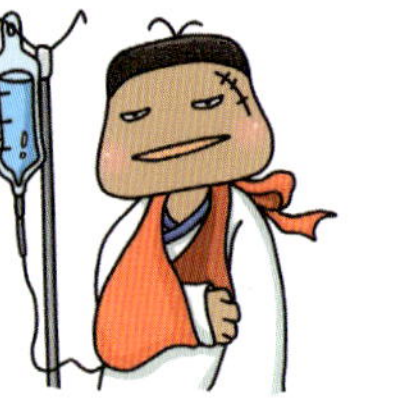

รถพยาบาล
롯파야–반–
구급차

นางพยาบาล
낭–파야–반–
간호사

❶ 처방, 약

ผ่าตัด 파–땃	수술하다	**เข้าโรงพยาบาล** 카오롱–파야–반–	입원하다
ฉีดยา 칫–야–	주사 놓다	**ยาน้ำ** 야–남	물약
ยาเม็ด 야–멧	알약	**เภสัชกร** 페–쌋차껀–	약사

❷ 증상

บาดเจ็บ 밧–쩹	다치다	**เป็นไข้หวัด** 뺀카이왓	감기 걸리다
หัก 학	부러지다	**มีไข้** 미–카이	열이 나다
ไอ 아이	기침하다	**อาเจียน** 아–찌–얀	구토하다

❸ 병

โรค 록–	병	**ความดันโลหิตสูง** 쾀–단로–힛쑹–	고혈압
โรคมะเร็ง 록–마렝	암	**โรคผิวหนัง** 록–피우낭	피부병

문형 익히기

주황색으로 표시된 부분을 바꾸어 활용해 보세요.

1. 병원 방문

A ไม่สบาย ที่ไหน คะ
마이싸바이　　티나이　　카
어디가 편찮으세요?

B ปวดท้อง ครับ
뿌엇텅　　크랍
배가 아픕니다.

- ไม่สบาย 마이싸바이
  아프다
- ปวด 뿌엇
  아프다(통증이 있는)
- ท้อง 텅
  배, 복부
- ปวดท้อง 뿌엇텅
  배가 아프다

2. 약 처방

A ต้อง ทาน ยา อย่างไร ครับ
떵　　탄　　야　　양라이　　크랍
약을 어떻게 먹어야 합니까?

B ทาน ทุก 8 ชั่วโมง ค่ะ
탄　　툭　　뺏　추어몽　　카
8시간마다 드십시오.

- ต้อง 떵
  ~해야 한다
- ทาน 탄
  드시다
- ทุก 툭
  매, 각, ~마다, 모든

37

ร้านหมอฟัน 란–머–환
치과

단어 익히기

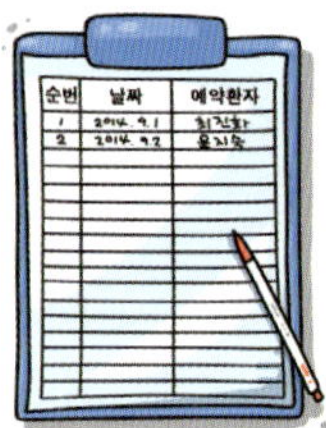

จอง 예약하다
쩡–

ฟัน 이, 치아
환

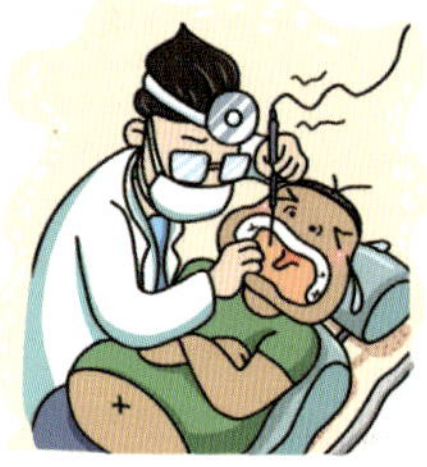

รักษา 치료하다
락싸–

---

❶ 증상

ปวดฟัน 뿌–엇환	이가 아프다	แปรงฟัน 쁘랭–환 · 이를 닦다
ฟันขึ้น 환큰	이가 나다	ฟันหัก 환학 · 이가 빠지다
ฟันผุ 환푸	이가 썩다	เหงือกบวม 응으–억부–엄 · 잇몸이 붓다

❷ 치료

อุดฟัน 웃환	치아에 금을 씌우다	ดัดฟัน 닷환 · 치아를 교정하다
ถอนฟัน 턴–환	이를 뽑다	รักษาประสาทฟัน 락싸–쁘라쌋–환 치아 신경을 치료하다

❸ 이, 이빨

ฟันกราม 환끄람–	어금니	ฟันเขี้ยว 환키–여우 · 송곳니
ฟันหน้า 환나–	앞니	ฟันกรามซี่สุดท้าย 환끄람–씨–쏫타–이 사랑니
ซอกฟัน 썩–환	이틈	ฟันปลอม 환쁠럼– · 의치

문형 익히기

주황색으로 표시된 부분을 바꾸어 활용해 보세요.

1. 치과 예약 ①

A ไม่ทราบว่า เป็นอะไร คะ
마̂이쌉-와- 뻰아라̄이 카́

무슨 일이십니까?

B ปวดฟัน ครับ
뿌̀-엇환 크́랍

이가 아픕니다.

2. 치과 예약 ②

A คุณ จะ จอง คิว ร้านหมอฟัน วันไหน
쿤 짜 쩡- 키̄우 란̄-머̆-환 완나̆이

ครับ
크́랍

당신은 어느 날에 치과 스케줄을 예약하실 겁니까?

B ถ้าเป็นไปได้ วันนี้ ค่ะ
타̂-뻰빠̄이다̂이 완니̆- 카̀

만약 가능하다면 오늘입니다.

- **ไม่ทราบว่า** 마̂이쌉-와-
  ~를 모르겠다
- **เป็นอะไร** 뻰아라̄이
  무슨 일이지요?(의문)

- **คิว** 키̄우
  대기 행렬, 순서를 기다리는 줄
- **วันไหน** 완나̆이
  어느 날
- **เป็นไปได้** 뻰빠̄이다̂이
  가능하다
- **ถ้าเป็นไปได้**
  타̂-뻰빠̄이다̂이
  만약 가능하다면

โรงเรียนสอนภาษา 롱–리–얀썬–파–싸–
언어학원

단어 익히기

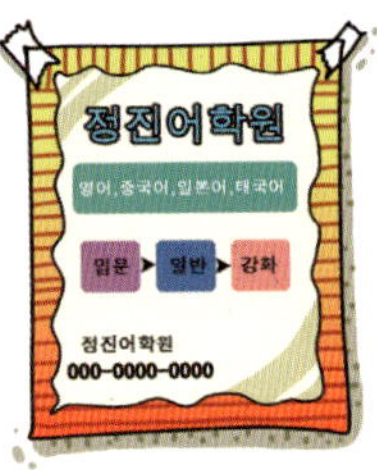

คอร์ส 컷–
과정

สอน 썬–
가르치다

อ่าน 안–
읽다

ฟัง 황–
듣다

❶ 외국어

ภาษาต่างประเทศ	파–싸–땅–쁘라텟–	외국어	ภาษาเกาหลี	파–싸–까올리–	한국어
ภาษาไทย	파–싸–타이	태국어	ภาษาอังกฤษ	파–싸–앙끄릿	영어
ภาษาญี่ปุ่น	파–싸–이–뿐	일본어	ภาษาจีน	파–싸–찐–	중국어
ภาษารัสเซีย	파–싸–랏씨–야	러시아어	ภาษาเยอรมัน	파–싸–여–라만	독일어

❷ 언어학원 관련 단어

อักษร	악썬–	문자	แต่งประโยค	땅–쁘라욕–	작문하다
เขียน	키–얀	쓰다	บันทึกเสียง	반특씨–양	녹음하다
ทบทวน	톱투–언	복습하다	สนทนา	쏜타나–	회화하다
พูด	풋–	말하다	เบื้องต้น	브–엉똔	기초
ระดับกลาง	라답끌랑–	중급	ระดับสูง	라답쑹–	고급

문형 익히기

주황색으로 표시된 부분을 바꾸어 활용해 보세요.

1. 학원 예약 ①

A คุณ ต้องการ จอง คอร์ส เรียน
쿤　　　떵－깐－　　　쩡－　　　컷－　　　리－얀

ภาษา อะไร คะ
파－싸－　　　아라이　　　카

당신은 무슨 언어 교육 과정을 예약하고 싶으십니까?

B คอร์ส เรียน **ภาษาไทย** ครับ
컷－　　　리－얀　　　파－싸－타이　　　크랍

태국어 교육 과정입니다.

2. 학원 예약 ②

A ค่าเรียน คอร์ส ละ เท่าไร ครับ
카－리－얀　　　컷－　　　라　　　타오라이　　　크랍

과정당 교육비가 얼마입니까?

B คอร์ส ละ **6000** บาท ค่ะ
컷－　　　라　　　훅판　　　밧－　　　카

과정당 **6000**밧입니다.

· **ละ** 라
~당, ~마다

ไปรษณีย์ 쁘라이싸니−
우체국

จดหมาย 쫏마−이 편지

แสตมป์ 싸땜− 우표

พัสดุ 팟싸두 소포

ซองจดหมาย 썽−쫏마−이 편지봉투

■ 우체국 관련 단어

โปสการ์ด	뽓−깟−	엽서	ตู้ไปรษณีย์	뚜−쁘라이싸니−	우체통
ที่อยู่	티−유−	주소	เลขที่	렉−티−	번지
รหัสไปรษณีย์	라핫쁘라이싸니−	우편번호	ลงทะเบียน	롱타비−얀	등기
ด่วน	두−언	긴급	ทางเรือ	탕−르−어	선박편으로
ทางอากาศ	탕−아−깟−	항공편으로	ผู้ส่ง	푸−쏭	발송인
ผู้รับ	푸−랍	수신인	ชั่งน้ำหนัก	창남낙	무게를 달다
กรัม	끄람	그램(g)	กิโลกรัม	낄로−끄람	킬로그램(kg)

문형 익히기

주황색으로 표시된 부분을 바꾸어 활용해 보세요.

A ขอ ส่ง พัสดุ หน่อย ค่ะ
커– 쏭 팟싸두 너–이 카
소포 좀 보내 주십시오.

B ส่ง แบบธรรมดา หรือ แบบด่วน ครับ
쏭 뱁–탐마다– 르– 뱁–두–언 크랍
일반 아니면 긴급으로 보내실 겁니까?

2. 수신 지역

A ส่ง ไป ที่ไหน ครับ
쏭 빠이 티–나이 크랍
어디로 보내시겠습니까?

B ส่ง ไป ที่ เชียงใหม่ ค่ะ
쏭 빠이 티– 치–양마이 카
치양마이에 보냅니다.

- ส่ง 쏭
보내다
- **แบบธรรมดา** 뱁–탐마다–
일반
- **แบบด่วน** 뱁–두–언
긴급

1. 서수

ที่ + 숫자 : ~번째

'ที่[티-] + 숫자'는 서수를 나타냅니다.

예 คน ที่ 4 콘 티- 씨- 네 번째 사람

2. หรือ[르-]

1) 의문사로 사용할 때는 문장 끝에 붙여서 '~이지요?'라는 의미로 씁니다.

예 คุณ ชอบ อาหารเกาหลี หรือ
쿤 첩- 아-한-까올리- 르-
당신은 한국 음식을 좋아하지요?

2) 접속사로 사용할 때는 '또는', '~나 ~이나'의 의미로 씁니다.

예 คุณ ชอบ อาหารจีน หรือ อาหารญี่ปุ่น
쿤 첩- 아-한-찐- 르- 아-한-이-뿐
당신은 중국 음식을 좋아해요, 일본 음식을 좋아해요?

3. 만약 ~라면 ถ้า[타-]

ถ้า[타-]는 접속사로 뜻은 '만약 ~라면'입니다. 같은 의미의 접속사로는 หาก[학-]과 ถ้าหาก[타-학-]이 있습니다.

예 ถ้า ขับ รถ ไป ปูซาน ใช้เวลา 5 ชั่วโมง
타- 캅 롯 빠이 뿌-싼- 차이 웰-라- 하- 추-어몽-
만약 차를 운전해서 부산에 간다면, 5시간 걸린다.

▶ ขับ 캅 운전하다

회화 익히기

■ 병원 예약하기

A ฮัลโหล โรงพยาบาลชองจีน ครับ
할로–　　　롱–파야–반–청–찐–　　　크랍

B ดิฉัน ต้องการ จอง คิว โรงพยาบาล ค่ะ
디찬　　떵–깐–　　쩡–　키우　롱–파야–반–　　카

A คุณ จะ จอง คิว โรงพยาบาล วันไหน ครับ
쿤　짜　쩡–　키우　롱–파야–반–　　완나이　　크랍

B ถ้าเป็นไปได้ วันนี้ ค่ะ
타–뻰빠이다이　　완니–　카

A ได้ ครับ คุณ ชื่อ อะไร ครับ
다이　크랍　쿤　츠–　아라이　크랍

B ดิฉัน ชื่อ จิตตาพร ค่ะ
디찬　　츠–　찟따–펀–　　카

A ไม่สบาย ที่ไหน ครับ
마이싸바–이　　티–나이　　크랍

B ปวดท้อง ค่ะ
뿌–엇텅–　　카

단어

· **คิว** 키우
대기 행렬, 순서를 기
다리는 줄

· **วันไหน** 완나이
어느 날

· **ถ้าเป็นไปได้**
타–뻰빠이다이
만약 가능하다면

· **ไม่สบาย**
마이싸바–이
아프다

· **ปวดท้อง** 뿌–엇텅–
배가 아프다

해석

A　여보세요, 정진 병원입니다.
B　저는 병원 스케줄을 예약하고 싶습니다.
A　당신은 어느 날에 병원 스케줄을 예약하실 겁니까?
B　만약 가능하다면 오늘입니다.
A　알겠습니다. 당신의 이름은 무엇입니까?
B　저의 이름은 찟따펀입니다.
A　어디가 편찮으십니까?
B　배가 아픕니다.

태국어의 '아프다' 표현

태국어에서 '아프다'의 의미를 가진 단어들은 아래와 같습니다. 각 단어마다 의미상의 차이가 있습니다.

ไม่สบาย	마이싸바―이	아프다, 편찮다
ป่วย	뿌―어이	병이 나다, 아프다
เจ็บ	쩹	(상처 등으로) 아프다
ปวด	뿌―엇	(통증으로) 아프다

태국에서 주의해야 하는 행동

1) 태국 국왕의 사진을 찢고 침을 뱉거나 국왕의 그림이 있는 지폐를 찢고 발로 밟는 등의 행위는 벌금 또는 처벌을 받을 수 있습니다.

2) 태국 아기에게 귀엽다고 무심코 머리를 만져서는 안 됩니다. 태국인들은 영, 정령이 머리에 있다고 믿는데, 아기의 영은 아직 강하지 않기 때문에 머리를 만지면 아기의 영이 손상을 입을 수 있다고 생각합니다.

3) 태국 국민의 95%가 불교를 믿는 만큼 시내나 거리에서 승려를 쉽게 볼 수 있습니다. 이때, 여성은 남자 승려와 손 등 신체적 접촉이 일어나지 않도록 합니다. 수련 중인 승려가 여성과 접촉하는 순간 그 동안 수련한 것이 없어진다고 믿기 때문입니다. 여성이 승려와 길에서 마주치면 비켜 주며, 여성이 승려에게 직접 물건을 건네 주어서는 안 됩니다.

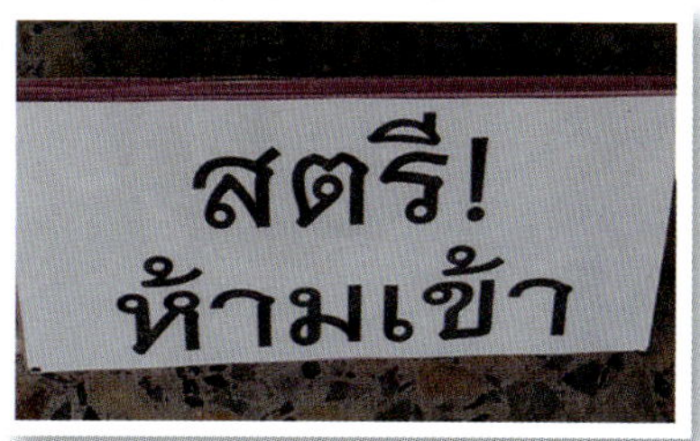

▲태국의 한 불교사원에서 '여성 출입 금지'
라고 적힌 팻말

เช่า 차오
렌트

รถเก๋ง 승용차
롯껭

บ้าน 집
반

ออฟฟิศ 사무실
업–횟

ตึก 건물
뜩

■ 렌트 관련 단어

รถทัวร์ 롯투–어	관광버스	**รถตู้** 롯뚜–	봉고차
ค่าเช่า 카–차오	임대료	**ทำประกัน** 탐쁘라깐	보험에 가입하다
เงื่อนไข 응으–언카이	조건	**ประกันอุบัติเหตุ** 쁘라깐우밧띠헷–	상해보험
ทำสัญญา 탐싼야–	계약하다	**หนังสือสัญญา** 낭쓰–싼야–	계약서
เซ็นชื่อ 쎈츠–	서명하다	**ประทับตรา** 쁘라탑뜨라	도장 찍다

문형 익히기

주황색으로 표시된 부분을 바꾸어 활용해 보세요.

A คุณ ต้องการ เช่า **รถ** กี่ วัน คะ
쿤　떵–깐–　차오　롯　끼–완　카

당신은 **차**를 며칠 렌트하기를 원하십니까?

B ต้องการ เช่า **รถ** 5วัน ครับ
떵–깐–　차오　롯　하–완　크랍

차를 5일 렌트하기를 원합니다.

2. 보증금(계약금)

A ต้อง จ่าย ค่ามัดจำ ไหม ครับ
떵–　짜–이　카–막짬　마이　크랍

보증금을 내야 합니까?

B ต้อง จ่าย **30%** ค่ะ
떵–　짜–이　쌈–씹쁘+–쎈–　카

30퍼센트 지불해야 합니다.

- จ่าย 짜–이
  지불하다
- ต้อง 떵–
  ～해야 한다(조동사)

41

สถานการณ์ฉุกเฉิน 싸타–나깐–축츤ㅓ–
긴급상황

단어 익히기

สถานีตำรวจ	สถานทูต	ตำรวจ	ขโมย
싸타–니–땀루–엇	싸탄–툿–	땀루–엇	카모–이
경찰서	대사관	경찰	도둑

---

❶ 분실 물건

กระเป๋าถือ 끄라빠오트–	핸드백	กระเป๋าเงิน 끄라빠오응은ㅓ–	지갑
กระเป๋าเดินทาง 끄라빠오든ㅓ–탕–	여행가방	หนังสือเดินทาง 낭쓰–든ㅓ–탕–	여권
เพชรพลอย 펫–플러–이	보석	โน๊ตบุ๊ค 놋–북	노트북

❷ 긴급상황 관련 단어, 표현

แจ้งความ 째ㅇ–쾀–	신고하다	ใบแจ้ง 바이째ㅇ–	신고서
นักล้วง 낙루–엉	소매치기	นักต้มตุ๋น 낙똠뚠	사기꾼
ปฐมพยาบาล 빠톰파야–반–	응급 치료하다	เครื่องมือดับเพลิง 크르–엉므–답플르ㅓ–	소화기
ยาเสพติด 야–쎕–띳	마약	ปืน 쁜–	총
เกิดอุบัติเหตุ 끄ㅓ–우밧띠헷–	사고가 발생하다	รถชน 롯촌	차가 부딪치다
ช่วยด้วย! 추–어이두–어이	도와 주세요!	ไฟไหม้! 화이마이	불이야!

문형 익히기

주황색으로 표시된 부분을 바꾸어 활용해 보세요.

A คุณ มา แจ้งความ อะไร คะ
쿤　마－　쨍－콤－　아라이　카

당신은 무엇을 신고하러 오셨습니까?

B กระเป๋า หาย ครับ
끄라빠오　하－이　크랍

가방을 분실했습니다.

2. 도난 신고

A ถูก ขโมย หนังสือเดินทาง ครับ
툭－　카모－이　낭쓰－든ㅓ－탕－　크랍

여권을 도난당했습니다.

B ถ้าอย่างนั้น คุณ ต้อง ไป แจ้งความ
타－양－난　쿤　떵－　빠이　쨍－콤－

ที่ สถานีตำรวจ ค่ะ
티－　싸타－니－땀루ㅓ엇　카

만약 그렇다면, 당신은 경찰서에 신고하러 가야 합니다.

- **หาย** 하－이
  분실하다, 사라지다

- **ถูก** 툭－
  ~당하다, ~받다(수동태)
- **ถ้าอย่างนั้น** 타－양－난
  만약 그렇다면

วันเทศกาล
완텟–싸깐–

명절

วันสงกรานต์
완쏭끄란–

쏭끄란날

วันปีใหม่
완삐–마이

새해, 설날

วันลอยกระทง
완러–이끄라통

러이끄라통날

❶ 명절

วันวาเลนไทน์	완와–렌–타이	발렌타인데이	วันคริสต์มาส	완크리쓰맛–	크리스마스
วันพ่อ	완퍼–	아버지의 날	วันแม่	완매–	어머니의 날
วันเข้าพรรษา	완카오판싸–	입안거일	วันออกพรรษา	완억–판싸–	출안거일

❷ 명절 관련 표현

จัดปาร์ตี้	짯 빠–띠–	파티를 하다	ให้ของขวัญ	하이 컹–콴	선물을 주다
อวยพร	우–어이펀–	축복을 빌다	เล่นยุด	렌–윳	윷놀이를 하다
เล่นว่าว	렌–와–우	연을 날리다	สาดน้ำ	쌋–남	물을 뿌리다, 끼얹다
ใส่ชุดเกาหลี	싸이 춧까올리–	한복을 입다	ใส่ชุดไทย	싸이 춧타이	태국 전통옷을 입다
สรงน้ำพระ	쏭남프라	향수로 불상을 씻다	เล่นไม้กระดานหก	렌–마이끄라단–혹	널뛰기를 하다

문형 익히기

주황색으로 표시된 부분을 바꾸어 활용해 보세요.

A วันเทศกาล สำคัญ ของ ประเทศไทย คือ อะไร คะ

완텟–싸깐–　　쌈칸　　컹–　쁘라텟–타이　　크–　아라이　카

태국의 주요 명절은 무엇입니까?

B วันเทศกาล สำคัญ ของ ประเทศไทย

완텟–싸깐–　　쌈칸　　컹–　쁘라텟–타이–

คือ วันสงกรานต์ ครับ

크–　완쏭끄란–　　　　크랍

태국의 주요 명절은 쏭끄란날입니다.

2. 명절에 하는 행동

A วันสงกรานต์ คนไทย นิยม ทำ อะไร ครับ

완쏭끄란–　　　콘타이　　니욤　탐　아라이　크랍

쏭끄란날에 태국인들은 무엇을 하는 것을 좋아합니까?

B นิยม สรงน้ำพระ ค่ะ

니욤　　쏭남프라　　　　카

향수로 불상을 씻는 것을 좋아합니다.

· สำคัญ 쌈칸
　중요하다, 중요한

· นิยม 니욤
　좋아하다, 선호하다

วันปีใหม่ 완삐-마이

새해

단어 익히기

ของขวัญ 선물
컹-콴

การ์ดอวยพร 연하장
깟-우-어이펀-

❶ 새해 관련 단어, 표현

งานเลี้ยงปีใหม่ 응안-리-양삐-마이	새해 연회
ไปเยี่ยมพ่อแม่ 빠이 이-얌 퍼-매-	부모님을 방문하다
ต้อนรับปีใหม่ 떤-랍 삐-마이	새해를 맞이하다
กลับบ้านเกิด 끌랍 반-껏ㅓ-	고향에 돌아가다
ทำพิธีไหว้บรรพบุรุษ 탐피티-와이반파부룻	제사를 지내다
กราบ 끄랍-	(큰)절하다

❷ 새해 인사

สวัสดีปีใหม่ 싸왓디-삐-마이	새해 복 많이 받으세요.
สุขสันต์วันปีใหม่ 쑥싼완삐-마이	행복한 새해 되시기 바랍니다.
ขอให้โชคดีตลอดปี 커-하이 촉-디- 딸럿-삐-	일년 내내 행운이 있으시길 바랍니다.
ขอให้ร่ำรวย 커-하이 람루-어이	부자 되시기 바랍니다.
ขอให้มีความสุข 커-하이 미- 쾀-쑥	행복하시기 바랍니다.
ขอให้ร่างกายแข็งแรง 커-하이 랑-까-이캥랭-	건강하시기 바랍니다.

주황색으로 표시된 부분을 바꾸어 활용해 보세요.

1. 주요 명절

A สวัสดีปีใหม่ ค่ะ คุณชาย
싸왓디–삐–마이　　　카　　쿤차–이

차이 씨, 새해 복 많이 받으세요.

B สวัสดีปีใหม่ เช่นกัน ครับ ขอให้ มี
싸왓디–삐–마이　　　첸–깐　　크랍　　커–하이–　미–

ความสุข มากๆ ครับ
쿰–쑥　　　막–막–　　크랍

마찬가지로 새해 복 많이 받으세요. 행복이 가득하시길 바랍니다.

2. 명절에 하는 행동

A วันปีใหม่ คุณ จะ ทำ อะไร ครับ
완삐–마이　　쿤　　짜　　탐　　아라이　　크랍

설날에 당신은 무엇을 하실 겁니까?

B วันปีใหม่ ดิฉัน จะ ไปเที่ยว กับ ครอบครัว ค่ะ
완삐–마이　　디찬　　짜　　빠이 티–여우　깝　크랍–크루–어　카

설날에 저는 가족과 놀러갈 것입니다.

• **เช่นกัน** 첸–깐
　마찬가지이다, 마찬가지로

• **ขอให้** 커–하이
　~하기 바라다, 축원하다

• **ความสุข** 쿰–쑥
　행복

• **มาก ๆ** 막–막–
　아주(두 번 발음하여 강조)

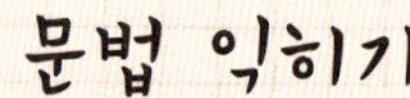

1. ~해야 한다 ต้อง [떵-]

ต้อง [떵-]은 '~해야 한다'는 의미의 조동사로 동사 앞에 위치합니다. 부정은 ต้อง [떵-] 앞에 ไม่ [마이]를 쓰며, 이때 뜻은 '~안 해도 된다, ~할 필요가 없다'입니다.

예 นักเรียน **ต้อง** ตั้งใจ เรียน 낙리-안 떵- 땅짜이 리-안   학생은 열심히 공부해야 한다.

เรา **ไม่ ต้อง** ไป บริษัท 라오 마이 떵- 빠이 버리쌋   우리는 회사에 가지 않아도 된다.

▶ ตั้งใจ 땅짜이 결심하다, 열심히 ~하다

미래, 의지의 의미를 강조하려면 ต้อง [떵-] 앞에 조동사 จะ [짜]를 붙여 จะต้อง [짜떵-]으로 씁니다.

2. 수동태 ถูก [툭-]

문장(동사) 앞에 써서 수동태로 바꾸어 줍니다.

예 รถชน 롯촌   차가 부딪치다.

ถูก รถชน 툭- 롯촌   차에 부딪히다.

3. ~주세요, ~해 주세요 ขอ ~ หน่อย [커- ~ 너-이]

ขอ ~ หน่อย [커- ~ 너-이]의 중간에 명사나 동사가 올 수 있습니다. 중간에 명사가 올 경우에는 '~주세요'의 의미로 쓰이고, 동사가 올 경우에는 '~해 주세요'라는 의미로 쓰입니다.

예 **ขอ** ทิชชู่ **หน่อย** 커- 팃추- 너-이   휴지 좀 주세요.

ขอ ดู เมนู **หน่อย** 커- 두- 메-누- 너-이   메뉴 좀 보여 주세요.

▶ ทิชชู่ 팃추- 휴지 / ดู 두- 보다 / เมนู 메-누- 메뉴

4. 그다지 ~하지 않다 ไม่ค่อย [마이 커-이]

동사 앞에 써서 '그다지 ~하지 않는다'의 의미를 가집니다.

예 **ไม่ค่อย** ยาก 마이 커-이 약-   그다지 어렵지 않다.

▶ ยาก 약- 어렵다

■ 분실 및 신고하기

A คุณพลอย เป็น อะไร ครับ
쿤플러–이　　쁜　아라이　크랍

B กระเป๋า หาย ค่ะ
끄라빠오　하–이　카

A ถ้าอย่างนั้น คุณ ต้อง ไป แจ้งความ ที่
타–양–난　쿤　떵–　빠이　쨍–쾀–　티–

สถานีตำรวจ ครับ
싸타–니–땀루–엇　크랍

B สถานีตำรวจ อยู่ ที่ไหน คะ
싸타–니–땀루–엇　유–　티–나이　카

A อยู่ ใกล้ กับ โรงหนัง ครับ
유–　끌라이　깝　롱–낭　크랍

(경찰서에서)

C คุณ มา แจ้งความ อะไร ครับ
쿤　마–　쨍–쾀–　아라이　크랍

B กระเป๋า หาย ที่ โรงแรม ค่ะ
끄라빠오　하–이　티–　롱–램–　카

- เป็นอะไร
쁜 아라이
무슨 일인가요?

- หาย 하–이
분실하다, 사라지다

- ถ้าอย่างนั้น
타–양–난
만약 그렇다면

- ต้อง 떵–
~해야 한다

- แจ้งความ 쨍–쾀–
신고하다

- สถานีตำรวจ
싸타–니–땀루–엇
경찰서

해석

A 플러이 씨, 무슨 일이십니까?
B 가방을 분실했습니다.
A 만약 그렇다면, 당신은 경찰서에 신고하러 가야 합니다.
B 경찰서는 어디에 있습니까?
A 영화관과 가까이 있습니다.

(경찰서에서)
C 당신은 무엇을 신고하러 오셨습니까?
B 호텔에서 가방을 분실했습니다.

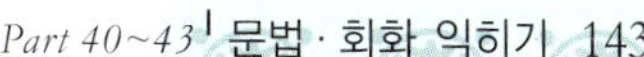

태국의 대표적 축제

1) 쏭끄란

- 기간 : 4월 13~15일

태국의 가장 큰 명절 중 하나로, 일년 중 가장 더운 4월 달에 열립니다. 쏭끄란 축제는 서로 물을 뿌리며 더위를 잊고, 신년의 복을 비는 행사입니다. 방콕, 치앙마이 등 전국적으로 열리며, 전국의 쏭끄란 축제에 참여한다면 약 일주일간 참여할 수 있습니다. 축제 기간 동안 물을 뿌리며 놀 때에는 얼굴이나 몸에 하얀색 가루를 바릅니다.

2) 러이 끄라통

- 기간 : 11월 10일~20일

러이 끄라통 축제도 전국적으로 열리며, 바나나잎 또는 연잎으로 만든 '작은 배(끄라통)' 안에 초, 꽃 등을 넣고 강이나 호수에 띄우며 소원을 비는 행사입니다. 만약 작은 배의 촛불이 꺼지지 않고 멀리 떠내려가면 갈수록 소원이 이루어진다고 믿습니다. 또한, 러이끄라통은 지난 일년 동안 강이나 호수 등 물을 더럽힌 것을 반성하며 물의 신 '공카'에게 사죄와 감사를 표현하는 행사이기도 합니다.

ศาสนา

단어 익히기

นับถือ	พระเจ้า	โบสถ์
납트-	프라짜오	봇-
(종교를) 믿다	신	예배당

❶ 종교

ศาสนาคริสต์	싿-싸나-크릿	기독교	ศาสนาพุทธ	싿-싸나-풋	불교
ศาสนาขงจื๊อ	싿-싸나-콩쯔-	유교	ศาสนาอิสลาม	싿-싸나-이쌀람	이슬람교
นิกายโรมันคาทอลิก	니까-이로-만카-털-릭	천주교	ไม่นับถือศาสนา	마이납트-싿-싸나-	무교이다

❷ 종교 관련 단어

นมัสการ	나맛싸깐-	예배하다	อธิษฐาน	아팃탄-	기도하다
ไหว้	와이	절하다	พระคัมภีร์	프라캄피-	성경
ตักบาตร	딱밧-	시주하다	ทำบุญ	탐분	공양하다
ศาสนิกชน	싿-싸닉까촌	신자	เผยแผ่ศาสนา	프ㅓ-이패-싿-싸나-	전도하다

문형 익히기

주황색으로 표시된 부분을 바꾸어 활용해 보세요.

A คุณ นับถือ ศาสนา อะไร คะ

쿤　　납트－　　쌋－싸나－　　아라이　　카

당신은 무슨 종교를 믿습니까?

B ผม นับถือ ศาสนาคริตส์ ครับ

폼　　납트－　　쌋－싸나－크릿　　크랍

저는 기독교를 믿습니다.

2. 예배당 가기

A คุณ ไป (ที่) โบสถ์ เมื่อไร ครับ

쿤　　빠이　(티－)　봇－　　므－어라이　　크랍

당신은 언제 예배당에 갑니까?

B ดิฉัน ไป (ที่) โบสถ์ ทุก วันอาทิตย์ ค่ะ

디찬　　빠이　(티－)　봇－　　툭　　완아－팃　　카

매 일요일마다 갑니다.

- ศาสนา 쌋－싸나－
  종교

- ที่ 티－
  ~에, ~에서(장소 앞에 붙는 전치사)
- เมื่อไร 므－어라이
  언제(의문사)

ดูโทรทัศน์ 두–토–라탓

텔레비전 시청

단어 익히기

โทรทัศน์
토–라탓

텔레비전

รีโมทคอนโทรล
리–못–컨–트론–

리모컨

❶ 텔레비전 프로그램

ข่าว	카–우	뉴스	ข่าวต่างประเทศ	카–우땅–쁘라텟–	해외 뉴스
ข่าวกีฬา	카–우낄–라–	스포츠 뉴스	เกมโชว์	껨–초–	게임쇼
การ์ตูน	까–뚠	만화	ละคร	라컨–	드라마
รายการเพลง	라–이깐–플렝–	음악 프로그램	คอนเสิร์ต	컨–쓸ㅓ	콘서트

❷ 텔레비전 시청 관련 단어

ช่อง	청–	채널	เคเบิ้ลทีวี	케–븐ㅓ–티–위–	케이블 티비
พิธีกร	피티–껀–	진행자, 사회자	ผู้ประกาศข่าว	푸–쁘라깟–카–우	아나운서
ดารา	다–라–	연예인	ปิดโทรทัศน์	삣 토–라탓	텔레비전을 끄다
เปิดโทรทัศน์	쁫ㅓ– 토–라탓	텔레비전을 켜다	รายการโทรทัศน์	라–이깐–토–라탓	텔레비전 프로그램

주황색으로 표시된 부분을 바꾸어 활용해 보세요.

A คุณ ชอบ ดู รายการโทรทัศน์ อะไร คะ
쿤 첩- 두- 라-이깐-토-라탓 아라이 카
당신은 무슨 텔레비전 프로그램을 좋아합니까?

B ผม ชอบ ดู ข่าวต่างประเทศ ครับ
폼 첩- 두- 카-우땅-쁘라텟- 크랍
저는 해외 뉴스를 좋아합니다.

2. 채널

A รายการเพลง ดู ได้ ที่ ช่อง ไหน ครับ
라-이깐-플렝- 두- 다이 티- 청- 나이 크랍
노래 프로그램은 어느 채널에서 볼 수 있습니까?

B ดู ได้ ที่ ช่อง 7 ค่ะ
두- 다이 티- 청- 쩻 카
채널 7에서 볼 수 있습니다.

• รายการ 라-이깐-
  항목, 리스트, 프로그램

• เพลง 플렝-
  노래

หนังสือพิมพ์ 낭쓰–핌
신문

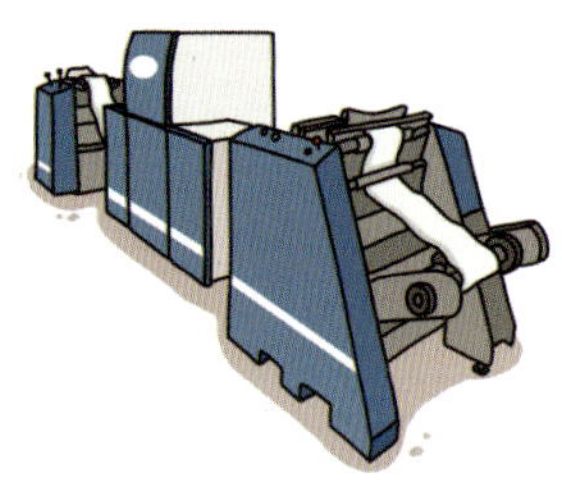

สำนักพิมพ์
쌈낙핌–

출판사, 인쇄소

นักข่าวหนังสือพิมพ์
낙카–우낭쓰–핌

신문기자

❶ 신문 관련 단어

ข่าวการเมือง	카–우깐–므–엉	정치 뉴스(소식)	ข่าวเศรษฐกิจ	카–우쎗–타낏	경제 뉴스(소식)
ข่าวอาชญากรรม	카–우앗–차야–깜–	범죄 소식	ข่าวบันเทิง	카–우반틍ㅓ	오락으로 가볍게 읽을 소식
ข่าวการศึกษา	카–우깐–쓱싸	교육 뉴스(소식)	ฉบับ	차밥	~부(수량사)
รายวัน	라–이완	일간	รายสัปดาห์	라–이쌉다–	주간
รายปักษ์	라–이빡	반월간(15일마다)	รายเดือน	라–이드–언	월간

❷ 신문 관련 표현

ลงข่าวหน้า 1	롱카–우나–능	일면에 실리다	หัวข้อข่าว	후–어커–카–우	헤드라인
ประเด็นร้อน	쁘라덴런–	이슈, 쟁점	ข่าวสด	카–우쏫	최신 뉴스(소식)
คนมีชื่อเสียง	콘미–츠–씨–양	유명인	บุคคลสำคัญ	북콘쌈칸	유명 인사
ระดับโลก	라답록–	세계적(인)	ระดับประเทศ	라답쁘라텟–	국가적(인)

주황색으로 표시된 부분을 바꾸어 활용해 보세요.

1. 신문 구독

A ปกติ คุณ อ่าน **หนังสือพิมพ์รายวัน**
빠까띠 쿤 안– 낭쓰–핌라–이완

ไหม คะ
마이 카

보통 당신은 일간신문을 읽습니까?

B ครับ ผม อ่าน **หนังสือพิมพ์รายวัน** ทุกวัน ครับ
크랍 폼 안– 낭쓰–핌라–이완 툭완 크랍

네, 저는 매일 일간신문을 읽습니다.

· ทุกวัน 툭완
매일

2. 신문 내용

A ตอนนี้ มี **ข่าวประเด็นร้อน** อะไร บ้าง ครับ
떤–니– 미– 카–우쁘라덴런– 아라이 방– 크랍

지금 이슈가 되는 소식이 뭐가 있습니까?

B ซุปเปอร์สตาร์ กำลังจะ แต่งงาน ค่ะ
쑵뻐ㅓ–쓰따– 깜랑–짜 땡–응안– 카

슈퍼스타가 결혼을 한다고 합니다.

· กำลังจะ 깜랑짜
~하려고 한다, ~하려던 참
이다

ใช้ อินเตอร์เน็ต 차이 인뜨ㅓ–넷
인터넷 사용

ร้านอินเตอร์เน็ต
란–인뜨ㅓ–넷
PC방

คอมพิวเตอร์
컴–피우뜨ㅓ–
컴퓨터

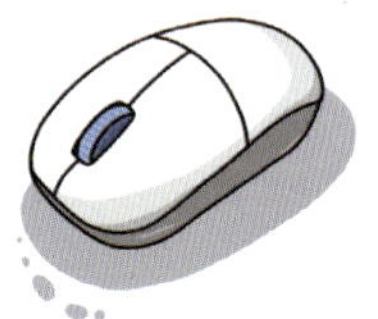

เมาส์
마오
마우스

---

❶ 컴퓨터 관련 단어

หน้าจอ 나–쪄–	화면	แป้นพิมพ์ 빼–핌	키보드
ลำโพง 람퐁–	스피커	หูฟัง 후–황	이어폰
พาสเวิร์ด 파쓰웟–	패스워드	ล็อกอิน 럭인	로그인
สายเคเบิ้ลอินเตอร์เน็ต 싸–이케븐–인뜨ㅓ–넷	인터넷 케이블	ไวไฟ 와이화이	와이파이

❷ 인터넷 관련 표현

ต่อ อินเตอร์เน็ต 떠– 인뜨ㅓ–넷	인터넷에 연결하다
อินเตอร์เน็ตความเร็วสูง 인뜨ㅓ–넷 쾀–레우 쑹–	초고속 인터넷
อินเตอร์เน็ต ช้ามาก 인뜨ㅓ–넷 차– 막–	인터넷이 너무 느리다
ไวไฟ ไม่มีสัญญาณ 와이화이 마이미–싼얀–	와이파이 신호가 없다

문형 익히기

주황색으로 표시된 부분을 바꾸어 활용해 보세요.

1. 인터넷 사용

A มี **อินเตอร์เน็ต** ไหม คะ
미- 인뜨ㅓ-넷　　　　　마이　　카

인터넷 있습니까?

B มี ครับ แต่ เสีย เงิน ครับ
미- 크랍　　때-　씨-야　응은ㅓ-　크랍

있습니다. 하지만 돈이 나갑니다.

- **แต่** 때-
  하지만(접속사)
- **เสีย** 씨-야
  (돈을) 쓰다, 낭비하다, 고장
  나다
- **เงิน** 응은ㅓ-
  돈, 은

2. 인터넷 수리

A รบกวน ซ่อม **อินเตอร์เน็ต** หน่อย ครับ
롭꾸-언　　썸-　　　인뜨ㅓ-넷　　　　너-이　　크랍

실례지만, 인터넷 좀 고쳐 주십시오.

B ได้ ค่ะ
다이　카

알겠습니다.

- **รบกวน** 롭꾸-언
  폐를 끼치다
- **ซ่อม** 썸-
  수리하다, 고치다
- **ได้** 다이
  가능하다, 알겠다(대답)

문법 익히기

1. 왜냐하면 ~때문이다 เพราะว่า [프러와-]

เพราะว่า + 이유(원인)

เพราะว่า [프러와-]는 '왜냐하면'이라는 뜻으로 다음에 이유나 원인이 오는 접속사입니다. 비슷한 뜻의 접속사로는 เพราะ(프러 ~때문에)가 있습니다.

2. 그래서 (ก็)เลย [(꺼-)르ㅓ-이]

주어 + (ก็)เลย

(ก็)เลย [(꺼-)르ㅓ-이]는 주어 다음에 위치하여 '그래서'의 의미를 나타내는 접속사입니다. 비슷한 뜻의 접속사로는 จึง [쯩]이 있습니다.

예 วันนี้ รถติด มาก (ก็)เลย มา บริษัท สาย
    완니- 롯띳 막- (꺼-)르ㅓ-이 마- 버리쌋 싸-이

오늘 차가 많이 막혔다. 그래서 회사에 늦게 왔다.

▶รถติด 롯띳 차가 막히다 / สาย 싸-이 늦다, 늦게

3. 과거 조동사 แล้ว [래-우] / ได้ [다이]

과거시제를 나타내는 조동사 중, แล้ว [래-우]는 문장을 완료형으로 만들어 주며, ได้ [다이]는 과거형으로 만들어 줍니다.

(완료형) 문장 + แล้ว [래-우] / (과거형) ได้ [다이] + 동사

예 완료형 → เขา มา ประเทศเกาหลี แล้ว   그는 한국에 왔다.
    카오 마- 쁘라텟-까올리- 래-우

   과거형 → เขา ได้ มา ประเทศเกาหลี แล้ว   그는 한국에 왔었다.
    카오 다이 마- 쁘라텟-까올리- 래-우

회화 익히기

■ 신문 보기

A ปกติ คุณ อ่าน หนังสือพิมพ์ ไหม
빠까띠 쿤 안- 낭쓰-핌 마이

ครับ
크랍

B ค่ะ ดิฉัน อ่าน หนังสือพิมพ์ ทุกวัน ค่ะ
카 디찬 안- 낭쓰-핌 툭완 카

A ตอนนี้ มี ข่าวประเด็นร้อน อะไร บ้าง ครับ
떤-니- 미- 카-우쁘라덴런- 아라이 방- 크랍

B ซุปเปอร์สตาร์ กำลังจะ แต่งงาน ค่ะ
쑵뻐-쓰따- 깜랑-짜 땡-응안- 카

A วันนี้ รายการเพลง ดู ได้ ที่ ช่อง ไหน ครับ
완니- 라-이깐-플렝- 두- 다이 티- 청- 나이 크랍

B ดู ได้ ที่ ช่อง 7 ค่ะ
두- 다이 티- 청- 쩻 카

해석

A 보통 당신은 신문을 읽습니까?
B 네, 저는 매일 신문을 읽습니다.
A 지금 이슈가 되는 소식은 뭐가 있습니까?
B 슈퍼스타가 결혼을 한다고 합니다.
A 오늘 노래 프로그램은 어느 채널에서 볼 수 있습니까?
B 채널 7에서 볼 수 있습니다.

태국의 국기

태국 국기는 '통찻타이' 또는 '뜨라이롱'이라고 부릅니다. 태국 국기는 세 가지 색, 즉 빨간색, 흰색, 남색으로 이루어져 있습니다. 중간의 가장 넓은 면은 남색, 남색 양면은 흰색, 맨 바깥의 양면은 빨간색인데, 남색면의 넓이는 나머지 다른 면의 2배입니다. 태국 국기는 또한 국가를 이루는 주요 3요소를 뜻합니다. 빨간색은 국민의 피, 흰색은 불교, 그리고 남색은 국왕을 의미하는데, 이 세 가지 색을 뜨라이롱이라고 부릅니다. 뜨라이는 '세 가지'를 뜻하고 롱은 '색'을 뜻합니다.

태국 내 공공기관들은 태국 국기를 평상시에 늘 게양하는데, 국기를 게양하는 시간은 매일 오전 8시이고, 국기를 내리는 시간은 저녁 6시입니다.

태국어 문자 쓰기 연습 노트

• 초자음과 받침으로 쓰일 때 한국어 음가도 같이 적어 보세요.

• 자음의 동그라미 부분부터 쓰세요.

• 동그라미 부분이 없는 자음은 아래에서부터 위로 쓰세요.

1) 중자음 (9자)

ก [꺼–까이] 닭	초자음 받침	ก ก		
จ [쩌–짠–] 접시	초자음 받침	จ จ		
ฎ [더–차다–] 무용관	초자음 받침	ฎ ฎ		
ฏ [떠–빠딱] 창	초자음 받침	ฏ ฏ		
ด [더–덱] 어린이	초자음 받침	ด ด		
ต [떠–따오] 거북이	초자음 받침	ต ต		

	초자음	บ						
ບ [버–바이마이] 나뭇잎	받침	ບ ບ						
ປ [뻐–쁠라–] 물고기	초자음	ປ ປ						
	받침	ປ ປ						
อ [어–앙–] 대야	초자음	อ						
	받침	อ						

2) 고자음 (10자)

	초자음	ข						
ข [커–카이] 알	받침	ข						
ฉ [처–칭] 징	초자음	ฉ						
	받침	ฉ						
ฐ [터–탄–] 받침대	초자음	ฐ ฐ						
	받침	ฐ ฐ						
ถ [터–퉁] 봉지	초자음	ถ						
	받침	ถ						

	초자음	ผ					
ผ							
	받침	ผ					
[퍼̌–프̂응] 벌							
	초자음	ฝ					
ฝ							
	받침	ฝ					
[훠̌–화̌–] 뚜껑							
	초자음	ศ					
ศ							
	받침	ศ					
[써̌–쌀̌–라̌–] 정자							
	초자음	ษ					
ษ							
	받침	ษ					
[써̌–르̌–씨̌–] 도사							
	초자음	ส					
ส							
	받침	ส					
[써̌–쓰̌–아̌] 호랑이							
	초자음	ห					
ห							
	받침	ห					
[허̌–힙̀–] 상자							

3) 저자음 (23자)

	초자음	ค					
ค							
	받침	ค					
[커̄–콰̄–이] 물소							

	초자음	ฆ					
ฆ							
	받침	ฆ					
[커-라캉] 종							
	초자음	ง					
ง							
	받침	ง					
[응어-응우-] 뱀							
	초자음	ช					
ช							
	받침	ช					
[처-창-] 코끼리							
	초자음	ซ					
ซ							
	받침	ซ					
[써-쏘-] 쇠사슬							
	초자음	ฌ					
ฌ							
	받침	ฌ					
[처-츠ㅓ-] 나무 이름							
	초자음	ญ					
ญ							
	받침	ญ					
[여-잉] 여자							
	초자음	ฎ					
ฎ							
	받침	ฎ					
[터-몬토-] 여자 이름							
	초자음	ฐ					
ฐ							
	받침	ฐ					
[터-푸-타오] 노인							

글자		쓰기
ณ [너–넨–] 사미승	초자음 받침	ณ ณ
ท [터–타한–] 군인	초자음 받침	ท ท
ธ [터–통] 깃발	초자음 받침	ธ ธ
น [너–누–] 쥐	초자음 받침	น น
พ [퍼–판–] 쟁반	초자음 받침	พ พ
ฟ [훠–환–] 이, 이빨	초자음 받침	ฟ ฟ
ภ [퍼–쌈파오] 돛단배	초자음 받침	ภ ภ
ม [머–마–] 말	초자음 받침	ม ม

	초자음						
ญ [여–약] 도깨비	받침	ญ ญ					
ร [러–르–아] 배	초자음 받침	ร ร					
ล [럴–링] 원숭이	초자음 받침	ล ล					
ว [워–왠–] 반지	초자음 받침	ว ว					
ศ [러–쭐라–] 연 이름	초자음 받침	ศ ศ					
ษ [허–녹훅–] 부엉이	초자음 받침	ษ ษ					

2. 태국어 모음 (32자)

- 한국어 발음도 같이 적어 보세요.
- 모음의 동그라미 부분부터 쓰세요.

	발음					
-ะ						
-า						
-ิ						
-ี						
-ึ						
-ื						
-ุ						

อ-	발음	อ						
เ-ะ	발음	เะ						
เ-	발음	เ						
แ-ะ	발음	แะ						
แ-	발음	แ						
โ-ะ	발음	โะ						
โ-	발음	โ						
เ-าะ	발음	เาะ						

-อ	발음	
-ั วะ	발음	
-ั ว	발음	
เ-ี ยะ	발음	
เ-ี ย	발음	
เ-ื อะ	발음	
เ-ื อ	발음	
เ-อะ	발음	

เ-อ	발음	เอ				
ไ-	발음	ไ				
ู-	발음	ุ				
เ-า	발음	เา				
-ํา	발음	ํา				
ฤ	발음	ฤ				
ฤา	발음	ฤา				
ฦ	발음	ฦ				

<table>
<tr><td rowspan="2">ภา</td><td>발음</td><td rowspan="2">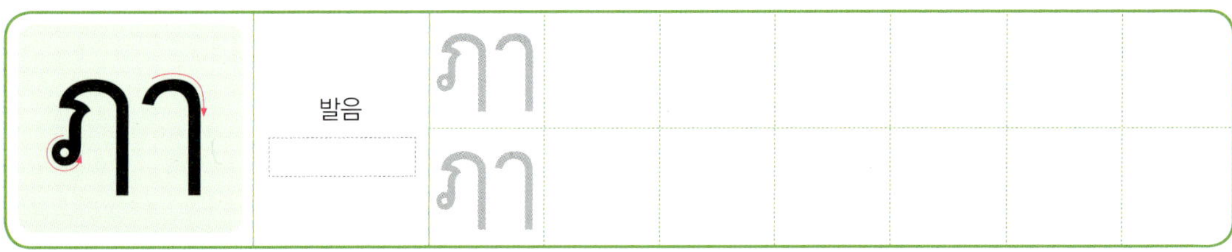</td></tr>
<tr><td></td></tr>
</table>

3. 성조 부호(유형 성조)

각 성조 부호가 초자음 우측 상단에 있을 때, 초자음의 종류(중자음, 고자음, 저자음)에 따라 몇 성으로 발음해야 하는지 써 보세요. 고자음과 저자음 위에 원칙상으로는 '마이뜨리, 마이짯따와'를 쓰지 않습니다. (간혹 외래어 표기는 예외)

่ 마이엑–	중자음/고자음 　　　성	่				
	저자음 　　　성	่				
้ 마이토–	중자음/고자음 　　　성	้				
	저자음 　　　성	้				
๊ 마이뜨리–	중자음 　　　성	๊				
		๊				
๋ 마이짯따와–	중자음 　　　성	๋				
		๋				

아래의 부호들은 태국어에서 자주 쓰이는 것들입니다. 이름과 용도를 익히면서 써 보세요.

◌ 마이따이쿠-	장모음을 단모음으로 발음					
ฯ 빠이얀-너-이	긴 단어나 명칭 생략					
ๆ 마이야목	두 번 발음					
◌ 까-란	아래 자음을 발음하지 않음					

태국에서는 아라비아 숫자도 사용하지만, 다음과 같이 태국 고유의 숫자도 사용합니다. 태국어에서는 아라비아 숫자보다 고유의 숫자를 사용하는 경우가 더 많습니다. 숫자의 동그라미 부분부터 쓰세요.

๐ 쑨	0	
๑ 능	1	
๒ 썽	2	
๓ 쌈	3	
๔ 씨	4	
๕ 하	5	
๖ 혹	6	

ฌ	7	ฌ				
쩻		ฌ				
ญ	8	ญ				
쁏ㅡ		ญ				
ฎ	9	ฎ				
까오		ฎ				

■저자

전희진(쵠 ฮีจิน)
한국외국어대학교 태국어과 학사 졸업
한국외국어대학교 일반대학원 글로벌문화콘텐츠학과 석사 졸업
한국외국어대학교 일반대학원 글로벌문화콘텐츠학과 박사 과정
다수의 기업체 태국어 출강
태한, 한태 번역가
태국현지 한류잡지 칼럼니스트 경험
• 저서 : **พูดได้พูดดี**(공저) / 태국어 일상회화사전(공저) / 통기초 태국어 생활회화(공저)
　　　　크루마무엉의 태국어 메뉴판 마스터(공저)

잉언씨껫(อิงอร ศรีเกษ)
부라파대학교 동양어문학과 한국어 전공
한국외국어대학교 국제지역대학원 한국학과 석사 졸업
한국외국어대학교 국제지역대학원 한국학과 박사 졸업
태한, 한태 번역가
다수의 통역
다수의 기업체 태국어 출강
• 저서 : **เก่งเกาหลี / พูดได้พูดดี**(공저) / **เกาหลีลัดทันใจ**(공저)
　　　　태국어 일상회화사전(공저) / 통기초 태국어 생활회화(공저)
　　　　크루마무엉의 태국어 메뉴판 마스터(공저)

왕기초 태국어첫걸음

초판 1쇄 인쇄 2014년 11월 5일
　　11쇄 발행 2024년 6월 15일

발행인 박해성
발행처 정진출판사
지은이 전희진, 잉언씨껫
편집 김양섭, 박유미
기획마케팅 이훈, 이현주
디자인 허다경
삽화 김혜원
출판등록 1989년 12월 20일 제 6-95호
주소 02752 서울시 성북구 화랑로 119-8
전화 02-917-9900
팩스 02-917-9907
홈페이지 www.jeongjinpub.co.kr

ISBN 978-89-5700-126-4 *13730